CB121176

HISTÓRIA DO SUICÍDIO EM TEMPOS, PESSOAS E MODOS

Wilma Suely Batista Pereira

HISTÓRIA DO SUICÍDIO EM TEMPOS, PESSOAS E MODOS

EDITORA IDEIAS& LETRAS

DIRETOR EDITORIAL
Márcio Fabri

CONSELHO EDITORIAL
Bruno Alves Coelho
Edvaldo M. Araújo
Marco Lucas Tomaz
Orlando A. Silva Cassiano

COORDENAÇÃO EDITORIAL
Valério Alves de Castro

PREPARAÇÃO
Andresa Mariana

REVISÃO
Daniel de Vasconcelos Andrade

DIAGRAMAÇÃO E CAPA
Airton Felix Silva Souza

Todos os direitos em língua portuguesa, para o Brasil, reservados à Editora Ideias & Letras, 2025.

1ª impressão

EDITORA IDEIAS& LETRAS

Rua Oliveira Alves, 164
Ipiranga – São Paulo/SP
Cep: 04210-060
Televendas: 0800 777 6004
Editorial: (11) 3862-4831
vendas@ideiaseletras.com.br
www.ideiaseletras.com.br

Dados Internacionais de Catalogação na Publicação (CIP) de acordo com o ISBD

P436h História do Suicídio em Tempos, Pessoas e Modos / Wilma Suely Batista Pereira. – São Paulo : Ideias & Letras, 2025.

120 p. ; 13,3cm x 20,6cm. – (Filosofia e Atualidades)

Inclui bibliografia.
ISBN: 978-65-87295-95-4

1. Suicídio. 2. História. 3. Cultura. 4. Sociologia. I. Título. II. Série.

2025-2285 CDD 364.1522
CDU 341.5561

Elaborado por Vagner Rodolfo da Silva - CRB-8/9410
Índices para catálogo sistemático:
1. Suicídio 364.1522
2. Suicídio 341.5561

Aos meus filhos Otávio e Arthur,
tatuagens de amor em minha alma.

A todas as pessoas que apreciam senso crítico,
aprimoramento profissional e encontros reais.

*Que todo sofrimento seja acolhido, entendido,
como direito ligado à vida.*

*Que se abra caminhos para encontros, que
se sintetize remédios clínicos, químicos,
físicos, espirituais e afetivos para quem sofre
momentânea ou permanentemente.*

Sumário

Prefácio **11**

Introdução **17**

1. Aproximação epistemológica do fenômeno **21**
O conceito 27

2. Os tempos **29**
Tempos de sacralização e as razões humanas para estimular o suicídio 29
O Código de Manu e o *sati* 32
O *Bushido* 34

3. Tempos teológico e filosófico **39**
Tempos de Sociologização do suicídio 47
Tempos psiquiátricos 51
Tempos de guerra 55
Tempos Epidemiológicos: permanências e rupturas 59
Tempos pandêmicos e um novo *ethos* instalado 62

4. Pessoas e suicídios **73**
Pessoas negras e originárias e suas mortes apagadas 73
Pessoas das artes 80
Pessoas políticas 84
Mulheres 86
Pessoas LGBT+ 89

5. Saídas possíveis para construir uma nova história de vínculos com a vida em novos tempos, pessoas e modos **95**

Considerações **99**

Referências **103**

Prefácio

O que levaria uma pessoa a se desligar da vida? Essa pergunta intrigante é a razão do livro de Wilma Suely Batista Pereira. A obra nos brinda com uma revisão de literatura sobre suicídio destacando as diversas formas de compreensão. Um mergulho sem rodeios facilitado pela metodologia e linguagem acessível a todos os públicos, embora esteja dirigido a estudantes de graduação e pós-graduação. Wilma nos coloca em conexão com o tema logo nas primeiras linhas. Seus textos brotam da abundante pesquisa, da experiência, sempre recheados de humanismo e sensibilidade. Fruto de sua militância na liderança do OBSAT (Observatório de violência, suicídio e política pública) vinculado à UNIR. Páginas tão provocativas aumentam o desejo de continuar lendo sobre o assunto.

Apesar de ser uma prática documentada na história, a Suicidologia, ciência que estuda o suicídio, é recente. O ato é antigo e ocorre em todos os níveis e áreas da sociedade. Suicídios retratados na literatura como Romeu e Julieta, suicídios coletivos por motivos religiosos, como o promovido pelo pastor Jim Jones em 1978 na Guiana, são de conhecimento geral. A lista é variada: Sócrates, Cleópatra, Catão, Nero, Judas Iscariotes, Walter Benjamin, Virginia Woolf, Anne Sexton (ganhadora do Pulitzer de 1967), Ernest Hemingway, Marilyn Monroe, Camilo Castelo Branco, Gilles Deleuze, Raul Pompéia, Kurt Cobain, Pedro Nava, Getúlio Vargas, Salvador Allende, Alan García, Santos Dumont, Walewska Oliveira.

O suicídio é um acontecimento complexo, perturbador, desconcertante. Questionador! Um tabu, especialmente para as religiões. Albert Camus escreveu que "existe apenas um único problema filosófico realmente sério: o suicídio. Julgar se a vida vale ou não a pena ser vivida significa responder à questão fundamental da filosofia". No fundo, a pessoa não quer morrer. Ela quer dar um sentido à sua vida, na morte. Não encontrou o sentido, mas precisa desesperadamente dele. E busca fora da existência. Permanecer vivo na mente dos outros? Poderia sua morte mudar o mundo? Ninguém se suicida sem alguma razão. A primeira pergunta logo após um caso de suicídio é: por que essa pessoa tirou a própria vida?

Pessoas que conviveram com parentes ou amigos que morreram por suicídio sabem dos dolorosos impactos emocionais que o ato provoca. A compreensão da experiência do suicídio pede uma inserção no sistema de valores éticos e morais em que se dá. Esta é a valiosa compreensão deste livro. A autora resgata de forma original a história do fenômeno em chave ético-cultural. Nisso consiste sua importante contribuição para o diálogo das ciências da saúde com as ciências humanas e sociais.

Essa é a tese principal do livro: os tempos e o suicídio são parte do *ethos* vigente. Há inúmeros significados antropológicos e culturais associados à palavra "suicídio". Cada povo tem uma forma própria de lidar com a morte segundo seu sistema de valores. O *ethos* da tradição judaica, por exemplo, explica porque não se encontra nenhuma condenação bíblica aos mortos por suicídio. E são relatados sete casos. Abimelec, por exemplo, usa o suicídio para que não dissessem que ele foi morto por uma mulher.

Wilma nos explica que em muitas comunidades da antiguidade o suicídio tem sentido cultural. Destaco três: para os Vikings os suicidados teriam lugar privilegiado no festival Valhalla. Na Índia, o título *suteemata* era uma deferência social às viúvas que morriam queimadas na pira mortuária junto ao marido morto. Durante o período feudal no Japão, samurais considerados indignos ao *Bushido* praticavam o *hara-kiri*. Para o autor do Papiro de Berlim 3024, da XII dinastia egípcia, a morte é uma saída para uma vida de sofrimento: "Hoje a morte é para mim como a cura para um homem doente é sair para o exterior depois de estar detido".

A partir da modernidade, em tempos de sociologização do suicídio, apesar da diminuição do controle dos corpos por parte do Estado e da Igreja, os mecanismos de disciplinamento moral foram mantidos. O suicida continua sendo tachado de pecador sem remissão. Karl Marx chamou nossa atenção para a dimensão social do suicídio: crise econômica, injustiças, inverno rigoroso e, principalmente, a miséria. Também a "tirania familiar" do patriarcado imposta às mulheres pode levar ao suicídio. O machismo mata. Outro sociólogo, Durkheim, analisou as relações entre suicídio e natalidade. Pessoas se suicidam, não números. O suicídio do seu amigo Victor Hommay apressou a conclusão de sua obra: *O Suicídio*.

Enquanto a sociologia e a psicanálise aprofundavam a questão na Europa, pessoas negras escravizadas provocavam a própria morte nas colônias, como nos conta Gilberto Freyre em *Casa-Grande e Senzala*. 'Banzo', melancolia, saudade e nostalgia provocada por uma vida sem liberdade, trabalho exaustivo sem descanso nem remuneração, desumanização, constantes torturas cruéis. O suicídio tinha sentido de protesto contra a escravidão, e expressava o desejo de reencontrar a paz e a harmonia sequestradas pelos europeus. O contato constante com a barbárie torna a vida insuportável. Desejar uma vida após a morte pode ser justificado.

E a fé? O que tem a dizer? Diante de acontecimentos como suicídio, holocausto, escravidão, genocídio, a fé "silencia por que não encontra respostas racionais para os dilemas e contradições da existência?" (Kierkegaard). Camus publicou *O Mito de Sísifo* durante os horrores da Segunda Guerra Mundial para descrever o absurdo da vida neste mundo. A morte de si mesmo se apresenta como possibilidade de escapar de existências absurdas.

Como bem afirma Wilma, "o suicídio segue desafiando culturas, histórias, estruturas econômicas, políticas, se nutrindo do empobrecimento dos laços solidários, da normatividade sobre os corpos, da normose instituída socialmente". A morte é um fato. E a morte autoprovocada também. O sentido da vida é que ela termina (Kafka). Ou, em palavras de Santo Agostinho: "A morte não é nada. Eu somente passei para o outro lado do caminho. Eu sou eu, vocês são vocês. O que eu era para vocês, continuarei sendo". O ser que morre realiza um ato que o eterniza em nós.

Impossível refletir sobre o suicídio sem considerar os absurdos existenciais da nossa tão fascinante era da Inteligência Artificial. A atual crise estrutural global tem impactos profundos em todas as dimensões humanas. Sua gestão se traduz em uma sucessão de desastres que pioram a situação. Impossível não ser atingido por ela.

A morte autoprovocada é um grave problema de saúde pública mundial. O aumento das cifras do suicídio é assombroso. A pandemia de COVID-19 agravou consideravelmente a saúde mental. No mundo, ocorre um suicídio a cada 40 segundos. O Brasil aparece em oitavo lugar, segundo a Organização Mundial da Saúde. Os homens cometem suicídio quatro vezes mais que as mulheres. O ato de tirar a própria vida tem sido uma realidade marcante entre as novas gerações. Entre os jovens de 15 a 29 anos, o suicídio aparece como a segunda causa de morte. Mil crianças e adolescentes entre 10 e 19 anos cometem suicídio anualmente no Brasil (Sociedade Brasileira de Pediatria).

Saúde mental! A enfermidade do século XXI é psíquica, do cansaço da alma, aponta o filósofo Byung-Chul Han. Somos vulnerabilidades expostas a uma luta diária e solitária pela sobrevivência. A psique vai colapsando progressivamente: estresse e angústia, esgotamento e depressão, *burnout*. O suicídio é a ponta do iceberg. O vício da nossa era não é apenas álcool e psicotrópicos. Somos embriagados digitais atordoados em uma batalha insana. Nosso cansaço é solitário.

Tragédias intermináveis integram nossa paisagem. A erosão da responsabilidade com o "eu" é sintoma da irresponsabilidade com o futuro. Nessa cultura da indiferença (Papa Francisco), quem se importa com o cansaço do outro, com a mudança climática e com a pobreza extrema, com as dezenas de guerras no mundo? Nossa sociedade é um mix de conformismo e indiferença, estresse, depressão e exaustão. Às vezes, o suicídio não é querer morrer, mas desejar desaparecer. Sumir de vez, pois em vida existem males maiores que a morte. O mal nos destrói com uma lógica imutável, nos leva ao nada. O nada que destrói a todos.

"Será possível que somente a morte seja verdade?" (Dostoiévski). Temos consciência de que somos mortais. A morte é uma certeza. Para vidas que perderam todo o sentido, o suicídio é terapêutico, única forma de sair do inferno em que sua existência se tornou. Para uma realidade vivida como insuportável, a morte se torna uma opção sedutora. Suicídios não são todos iguais. Para uma realidade tão humana não existe uma resposta fácil.

Dez de setembro é o Dia Mundial de Prevenção do Suicídio. Todas as vidas realmente importam. Toda insinuação de suicídio deve ser tratada com seriedade. Não é brincadeira. Para cada pessoa que se autoeliminou, há muitas outras que desejam fazer o mesmo. Quem se decide pela morte necessita ser escutado e respeitado. Jamais condenado.

"Ama como se fosses morrer hoje" (Sêneca). Na morte do outro descobrimos que a realidade é apenas uma questão de amar. O amor sempre permanece, na presença e na ausência. "Sem amor somos um nada" (1 Cor 13,2). "Imóveis, mortos, abomináveis e miseráveis: eis o que seríamos se não amássemos", escreveu Santo Agostinho. Só o amor nos salva da morte. De todas elas. O amor tudo suporta porque nos eleva ao Eterno.

A Prevenção do Suicídio começa pelo acesso à informação. Este livro é uma fonte de informação e de formação. Recomendado para educadores, familiares, professores, agentes sociais, religiosos, governantes e o público em geral. A comunidade científica e a sociedade civil serão enriquecidas com o livro *História do suicídio em tempos, pessoas e modos.*

Parabenizo minha amiga Wilma Suely pela perseverança, seriedade e comprometimento com o outro que vive em situação-limite. É uma prova de amor ao próximo! É o que realmente importa. Obrigado, Wilma Suely.

Concluo este prefácio com a frase da banda brasileira Legião Urbana: "É preciso amar as pessoas como se não houvesse amanhã".

Élio Gasda

Belo Horizonte, abril de 2024.

Introdução

Em quase 30 anos de ensino, extensão e pesquisa numa universidade pública, percebo as lacunas ainda largas na formação dos profissionais da saúde, educação, ciências humanas e sociais aplicadas sobre prevenção do suicídio. Entendo que tais lacunas advêm, sobretudo, da ausência de prioridade das discussões sobre o fenômeno suicídio; e quando há, facilmente se recai em superficialidades e conselhos moralizantes.

Desde 2017 o tema suicídio tem sido objeto de minhas pesquisas e ações extensionistas através do Observatório de Violência, Suicídio e Políticas Públicas (OBSAT/UNIR/CNPq), grupo de pesquisa que lidero. Nele defendemos a discussão sobre suicídio guiada principalmente pela via inversa: a vinculação à vida. É preciso, neste contexto pós-pandêmico, quiçá para sempre, fazer das universidades espaços para a produção de sentido à consternação e às adaptações que cada pessoa vai fazendo na luta diária para não sucumbir à desesperança.

Em sala de aula e nos estágios práticos acompanhando estudantes e usuários do SUS, as histórias tristes em torno da evasão da vida pela via do suicídio passaram a me chamar a atenção. O primeiro chamado foi ao estranhamento, pois como alguém pode romper com o corpo que lhe mantém viva(o)? Não seria a vida o dom maior, então?

O segundo chamado foi à aversão, por entender que a Psiquiatria, a Psicologia e a Medicina não deram conta de elucidar o suicídio. A sensação antecipada de fracasso profissional se fez presente na mesma proporção em que o contato com pessoas que haviam tentado morrer me provocou movimentos de olhar para mim, minha história, meus desejos. Em psicoterapia senti de novo minhas amarras e lutos, meus vínculos e transferências, me pondo em permanente resgate de mim. E, com alguma aflição e alívio, me constatei identificada com a minha vida, planos e sonhos. E então, senti o terceiro chamado, dessa vez, ao encontro humano e profissional para o atendimento à pessoa que está se sentindo desvinculada da vida.

Hoje penso que talvez o tempo todo tenha sido apenas um chamado, dialeticamente transformado de rejeição em interesse, pelo mergulho em mim mesma, como um preparo para me dedicar aos estudos das razões profundas pelas quais tantas pessoas tentam se desligar da vida.

Entendi que seria necessário encontrar meios de criar aproximações com pessoas nesses estados de sofrimento e suas narrativas, por perceber a urgência de se construir um arcabouço teórico, metodológico e ético que nos guie tanto na prática clínica, no ensino em sala de aula, como na atuação política junto ao sujeito coletivo em sofrimento e risco de morrer por suicídio.

O suicídio não "nasceu" problema de saúde pública. Há uma trajetória milenar ainda pouco desvendada, mas atavicamente presente em hábitos, crenças, sistemas de leis e justiça até os dias atuais. Quando se aborda alguém em comportamento suicida, há que se ter em mente as múltiplas molduras históricas que já foram aplicadas ao suicídio e os mecanismos que ainda se mostram ativos, produzindo sofrimento humano e o seu desfecho mais trágico: a morte de si.

Não é à toa que ainda não se tem domínio sobre as dimensões do vínculo à vida e nem sobre quais são os instrumentais metodológicos para reforçá-lo. As bases históricas da existência humana nos gritam a complexidade, os significados, cores e formatos da luta das pessoas por permanecerem vivas em meio aos desafios de cada época e cultura, assim como os sentidos atribuídos à desistência da vida. Ora ritualísticos, ora políticos, ora sagrados, os atos para sair da vida influenciaram a história do pensamento, a Teologia, a Sociologia e a cultura.

Assim, são muitos os tempos, as pessoas e os modos para se conhecer respeitosamente, pensar e entender que também nós estamos passíveis de experimentar uma suicidalidade ativa ante as dores do existir e do ser. O passeio na história do suicídio e na nossa própria história de relacionamento com a vida são atitudes fundamentais se quisermos realmente ajudar quem está planejando se suicidar a reconstruir e manter o vínculo com a vida. E se – numa perspectiva epidemiológica – decidirmos reduzir as taxas de mortes por suicídio.

Sem pretensão de esgotar o assunto, a reflexão histórico-crítica foi pensada para sintetizar aspectos da história do suicídio sem cair na prolixidade dos compêndios, na tecnicidade dos manuais e na romantização das obras literárias.

Este livro não é de autoajuda. É direcionado a quem está se lançando profissionalmente à pesquisa, intervenção e formação em Psicologia Clínica e/ou social, e que deseje compreender os diversos atravessamentos históricos do objeto suicídio. Trata-se de uma narrativa realizada através de uma revisão de literatura, tendo como fio condutor o que permanece e o que mudou de cada época estudada, a partir de três eixos: os tempos, as pessoas e os modos na produção do suicídio.

Aproximação epistemológica do fenômeno

É possível que muitas pessoas ainda pensem que trazer o suicídio para a seara acadêmica das ciências da saúde e humanas implica sair da esfera ontológica existencialista de Heidegger, Sartre ou da sociológica de Durkheim, Marx, Halbwachs e realizar estudos passíveis de serem reproduzidos, apresentar marcadores biológicos e discutir evidências científicas.

Sem dúvidas, o método científico utilizado nas Ciências Naturais, baseado em ferramentas estatísticas, tem sido cada vez mais privilegiado nas pós-graduações como requisito para o trabalho ser aceito pela comunidade científica internacional. No entanto, quando se trata de um objeto complexo como o suicídio, o compromisso ético-político imediatamente me convoca a inserir, por antagonismo dialético, a composição binomial suicídio/preservação da vida, a fim de esclarecer, por hora, a multidimensão que o conceito representa. Os capítulos seguintes nos mostrarão se minha tentativa de o situar nesta perspectiva é válida.

Por muito tempo o suicídio esteve sob os domínios da filosofia, depois da teologia, até que a investigação de Durkheim sobre o modo de vida, consciência individual e coletiva, fatos sociais como externos e coercitivos, entre outros conceitos, chamou a atenção de estudiosos do mundo inteiro para a sociologia como uma nova disciplina que nascia, nos últimos anos do século XIX. É claro que precisamos lembrar da obra *O Suicídio*, de 1897, que em minuciosa descrição e reflexão, a partir de seus princípios teórico-metodológicos de vanguarda para a época, foi a primeira a decodificar o suicídio como objeto de abordagem científica (Durkheim, 1982).

Freud se dedicou a alguns estudos sobre pensamento e comportamento humano a partir do conhecimento sobre estrutura e função do sistema nervoso, em um documento que se tornou conhecido após a sua morte como "Projeto para uma Psicologia Científica" (Vieira, 2005). Quando se dedicou à nascitura da Psicanálise, Freud anunciou um inconsciente nunca descrito, enveredou pelos conteúdos oníricos, entre outras incursões que fazem da psicanálise um divisor de águas para os avanços das ciências humanas no campo científico.

Na mesma época, aqueles que se dedicavam a descrever e mensurar o comportamento humano também desenvolviam experimentos científicos: Wilhelm Wundt, Édouard Claparède, Ivan Pavlov e John B. Watson. Técnicas distintas, teorias antagônicas, voltadas para o deslinde de um mesmo objeto: o que produz o sentir e o agir humano?

O espaço das universidades e escolas de formação passam a ser reduto dos estudiosos das Ciências Humanas: a sociologia com Durkheim e Weber, a história, estudos sobre o capitalismo, entre outros temas. Lá também se debatia qual seria o melhor método a ser empregado pelas Ciências Humanas, se copiavam as Ciências Naturais ou se seria adotada a metodologia "compreensiva" própria para as ciências do espírito, segundo Wilhelm Dilthey. Embora muitas de suas ideias não tenham sido completamente registradas, dando ensejo a diversas interpretações posteriores, Dilthey, em suas preleções, expressou conceitos essenciais para o entendimento das Ciências Sociais, como o conceito de visão de mundo, hoje conhecido em todo lugar e profundamente relacionado a fenômenos como o suicídio (Scocuglia, 2002).

Husserl defendia uma filosofia rigorosa como ciência. Florian Znaniecki e William I. Thomas publicaram um novo método de pesquisa estruturado por relatos de vida, investigando migrantes poloneses na Europa e na América (Chizzotti, 2016).

Desde o século XX, as ciências humanas vêm se consolidando na seara científica, brindando à complexidade da humanidade, em paralelo e, em alguns momentos, em encontro e/ou confronto com as ciências da natureza.

Muitos construtos teóricos, conceituais e autores que teceram a história do pensamento, aos quais reverencio pelas possibilidades interpretativas que nos trouxeram, para compreendermos tudo o que organiza nosso modo de viver e morrer. Assim, discutir suicídio é discutir o que produz vida e o que produz morte, liberdade, autonomia e decisão sob determinado sistema ético, época, história e cultura. Tentar fazer do suicídio um objeto de pesquisa requer a ferramenta lógica em caráter complementar, com a devida cautela, já que existem muitas éticas, muitos períodos históricos, muitos sujeitos, assim como muitas sociedades, cada qual com seu modo de vida, sistema de crenças e jeito de produzir sentido.

A possibilidade de se estabelecer a complementaridade entre as Ciências Naturais e as Ciências Humanas e Sociais para desvelar o objeto suicídio se materializa nos esforços interdisciplinares envidados por pesquisadoras e pesquisadores do mundo inteiro, preocupados(as) com o aumento das taxas de mortes por suicídio.

Evidentemente não poderíamos deixar de usar a ferramenta aristotélica inserida atualmente nos métodos para estudos populacionais, que indicam tendências da dinâmica demográfica e fornecem subsídios para se investigar perfis e padrões no suicídio enquanto problema de saúde pública. Além das aproximações clínicas, do diagnóstico ao tratamento de pessoas com transtornos mentais potencialmente relacionados a tentativas e mortes, esses estudos contribuem para a estruturação e orientação das políticas públicas de prevenção e posvenção.

A prática baseada em evidências científicas necessita das revisões de literatura para irmos entendendo o estado do conhecimento sobre o suicídio e os caminhos possíveis para adequação dos serviços de saúde para manejo de pessoa em crise, prevenção e promoção da vinculação à vida.

Tão importante quanto a epidemiologização do suicídio (tratada em capítulo específico), as Ciências Humanas e Sociais, com a Filosofia, Antropologia, Geografia, História e Sociologia, seguem como possibilidades de acesso ao objeto suicídio. A Psicologia, em suas diversas abordagens clínicas baseadas em propostas teóricas e metodológicas, identificando elementos psíquicos e os comportamentos conscientes e/ou inconscientes em direção à vida ou à morte, constitui disciplina essencial para as aproximações éticas, críticas e políticas com a complexidade que envolve a desvinculação da vida.

As Artes constituem um caminho estético rico em significados e expressões da vida e da morte ao longo da história. Desde a descoberta do Papiro de Berlim, que traz o poema sobre sofrimento mais antigo de que se tem registro, percebe-se a importância da literatura, das artes cênicas e visuais para representar o que as sociedades pensam sobre o suicídio.

Observando a história do suicídio, vê-se que muitos o trataram como algo externo à razão, um gesto extremo, desprovido de moralidade. Outros o moralizaram, admitindo e estimulando como saída honrosa às decepções ideológicas, derrotas de guerra, conflitos políticos, ou a uma vida de sofrimentos e sem sentido.

É possível que conhecer os sistemas morais de cada sociedade em cada tempo nos forneça um caminho mais seguro para trilhar em direção à compreensão do suicídio como fenômeno. O sistema ético/moral local se transforma em ritmo mais ou menos lento – pois é fortalecido e reproduzido por gerações – dos povos, com seus tempos, estética, acordos e perplexidades. Tão importante quanto o olhar epidemiológico, estatístico ou lógico, é sistematizar os registros feitos por filósofos, escritores, poetas e suicidados através dos tempos, entender dentro de qual ou quais sistemas morais o suicídio é visto naquela cultura.

O imprevisível, o inesperado, o contraditório e o complementar são componentes do suicídio como fenômeno, concedendo-lhe aspecto cíclico desde os primeiros desastres naturais registrados até o que temos vivido desde o ano de 2020, quando o mundo inteiro foi sacudido pela pandemia do coronavírus. Já se infere que a pandemia impactou as taxas de mortes autoprovocadas em muitos países, embora esses levantamentos ainda estejam em curso, em ritmo mais lento do que as mortes, muitas delas mescladas às taxas de óbitos por SARS-CoV-2.

Os desastres ambientais, em sua maioria provocados por ausências do Estado em relação ao uso sustentável dos recursos naturais, também se constituem ameaças à vinculação com a vida dos que são atingidos e dos que testemunham.

Representado nas artes cênicas, literárias e na música, sempre permeado por mistério, romance, segredos e tabu, o suicídio vem fazendo parte da história das sociedades desde quando se tem registro. Sua característica de ser recorrente no espaço-tempo e, simultaneamente, apresentar permanências e rupturas, ora como gesto político, por envolver disputas pelo poder, ora por desespero, ora sagrado, ora secular, esteve sempre presente em uma diversidade de sujeitos históricos e múltiplas interpretações.

É fundamental abordar de forma dialética o suicídio na história, entendendo que os diversos sistemas de valores das culturas, com suas respectivas éticas, arrevesam o estudo do suicídio como objeto, assim como abordar sua história com a busca pelas literaturas cujos autores tratam das primeiras aproximações científicas do fenômeno.

A história do suicídio, do ponto de vista epistemológico, pode ser considerada a partir do século XIX, com as primeiras discussões científicas sobre o fenômeno, restando basicamente duas correntes: a que tratava o suicídio como fenômeno psiquiátrico a partir dos estudos de Esquirol e a proposta sociológica metodológica de Durkheim, que o sistematizou cientificamente. Esquirol retomou os escritos de Pinel e situou o pensamento médico em uma perspectiva metodológica que afastaria a medicina da proposta filosófica e religiosa para aproximá-la de critérios objetivos da ciência (Vares, 2017).

No processo de leituras, experimentei dificuldades às quais Barbagli (2019) se refere. Como entender o suicídio sem fazer alguma inserção sobre o sistema de valores éticos e morais em que se deu? Este é apenas um dos muitos desafios de quem se lança à tarefa de sistematizar o que há de produção científica de resgate histórico-reflexivo para subsidiar ações na seara das ciências humanas e da saúde.

Percebe-se escassez de artigos científicos atuais sobre a história do suicídio que abordem o *ethos* social. A maioria dos relatos encontrados durante a fase de extração de dados para a revisão faz uma brevíssima menção à presença do suicídio na história, em um capítulo ou em parágrafos introdutórios, ou se concentram em determinada época, como o estudo de Minois, que se constitui referência para quem pretende pesquisar sobre a história do suicídio, mas se debruça mais fortemente nos séculos XVI a XVIII.

Barbagli (2019) traz uma discussão que se assemelha às minhas inquietações acerca do suicídio. A obra traz o que ele próprio chamou de "uma reconstituição do andamento da taxa de suicídio na Europa, na Índia, na China e Oriente Médio" (p. 26).

Contribuir para o diálogo das ciências da saúde com as ciências humanas e sociais, bem como trazer a Psicologia para as discussões políticas sobre suicídio, se mostra cada vez mais urgente e necessário, principalmente quando se trata de reduzir as taxas de tentativas e mortes por suicídio.

Frente ao chamado para decidir entre abordar o suicídio na história e abordar a história do suicídio, pesquisadoras e pesquisadores no mundo inteiro buscam lidar com o legado histórico controverso deixado de geração para geração, de modo a construir estratégias mais realistas para o acolhimento e acompanhamento terapêutico das pessoas com comportamento suicida, ante o vexame de não haver respostas eficazes do Estado suficientes para atender às necessidades da população que apresenta este comportamento.

Essas indagações acompanharam as investigações e revisões realizadas a partir da descrição cultural do suicídio em diversos períodos históricos, em pessoas/populações, os enquadres culturais feitos ao suicídio em diversos espaços, da estética ao epidemiológico.

O conceito

Embora o conceito já pareça claro, considero importante ter em vista os muitos significados culturais associados ao ato do suicídio. Chama a atenção nos artigos, registros históricos, livros e dissertações analisados para a revisão que até mesmo a nomenclatura utilizada para este fenômeno expresse o desprezo para com aqueles que se matam.

No latim antigo a palavra *suicídio* não existia, embora já se conhecesse a expressão *mors voluntaria*. A junção do prefixo *sui* e o sufixo *caedes* é atribuída a Walter de St. Victor, filósofo e teólogo místico do século XII. Em 1175 foi prior no mosteiro de São Victor. Por ocasião do Terceiro Concílio de Latrão (1179), contrariando as regras gramaticais do latim, escreveu a célebre obra *Contra quatuor labyrinthos Franciae* (1180 EC). Nela, teria cunhado o termo com intenção de lhe atribuir conotação de escárnio, uma vez que as palavras latinas que terminavam em *caedes* eram estigmatizantes, como fratricida, parricida e matricida (Van Hoof, 1990).

O termo "suicídio" teria sido utilizado pela primeira vez em francês a partir de um neologismo em latim *sui*, si mesmo, e *caedes*, ato de matar, pelo abade Desfontaines no século XVIII (Assumpção Jr., 2018; Santos, 2016). Em japonês, *jisatsu* também é uma combinação de *ji* "eu" e *satsu* "matar" (Maeda, 2007). Ainda no século XVIII, em Londres, há registros de que os suicídios eram chamados *"remèdie anglois"*, como se fosse algo exclusivo da sociedade londrina (Barbagli, 2019).

Tem como sinônimos autocídio, autoextermínio, morte autoprovocada. O termo *autoquiria* se refere à tentativa de suicídio (Dicionário de Sinônimos, 2022).

Novamente se constata a contribuição de Durkheim, que ofereceu uma descrição conceitual clara para o ato de suicidar-se, embora atravessada pela subjetividade:

> Todo caso que resulte, direta ou indiretamente, de um ato positivo ou negativo realizado pela vítima mesma, sabendo que deveria causar este resultado. A tentativa seria o mesmo ato quando não chega ao final e não se obtém como resultado a morte (Durkheim, 1982, p. 5).

Para Durkheim, então, a intencionalidade é uma condição para que o ato seja considerado suicídio ou tentativa de suicídio. Até hoje adota-se o seu conceito, adaptado às condições atuais, incluindo a dificuldade de se detectar a intencionalidade nem sempre explícita, e mesmo que o seja, é passível de discussões profundas.

Os tempos

Neste capítulo estão discutidos alguns períodos em que o suicídio tomou formatos e proporções notáveis, e que o constituíram como ato legítimo, reconhecido e reproduzido socialmente pelas mais diversas razões.

É sempre conveniente se entender que as concepções de vida e morte são distintas ao longo dos tempos e das culturas, razão pela qual há algum desconforto na leitura dos registros das civilizações antigas e seus protocolos de suicídios.

Tempos de sacralização e as razões humanas para estimular o suicídio

Há registros de suicídio já muito referidos por diversos autores que estudam o fenômeno, como o caso da narrativa da Enciclopédia Delta, que em 1969 citava suicídio por envenenamento de 12 pessoas há mais de 2.500 anos a.C., na cidade de Ur, na Mesopotâmia (Delta, 1969; Lacerda, 2014; Berenchtein Netto, 2007).

Na Bíblia, no Velho e no Novo Testamento, é possível encontrar sete suicídios: Abimelec teria sido atingido gravemente na cabeça por uma pedra mó, atirada por uma mulher durante uma batalha. Agonizante, pediu que o seu pajem de armas o matasse pela espada, para que não dissessem que ele foi morto por uma mulher (Juízes 9,50). Saul, acuado pelos arqueiros filisteus que haviam assassinado seus três filhos, pede a seu pajem que o mate, no que não foi atendido, tendo então ele próprio se lançado sobre a espada, seguido pelo seu pajem, que em demonstração de lealdade morreu junto com seu senhor (1 Samuel 31,4-6). Sansão, cego e mantido prisioneiro dos filisteus, provoca o desabamento do prédio onde acontecia uma festa, morrendo junto com os seus algozes (Juízes 16,26-31). Aitofel se enforcou ao ser contrariado por Absalão em seu plano de atingir Davi (2 Samuel 17,23). Zimri ateou fogo ao próprio corpo para não ser capturado após seus crimes para se tornar rei terem sido descobertos (1 Reis 16,18). Judas Iscariotes (Mateus 27,5) é o mais lembrado, sobretudo porque teria ocorrido por sentimento de culpa pela morte de Jesus (Delta, 1969; Lacerda, 2014; Berenchtein Netto, 2007). Curioso é que não há na Bíblia nenhuma menção condenatória em relação ao ato de morrer por decisão própria.

Como se vê pelos relatos bíblicos, embora não se saiba se são históricos ou não, o mito em torno do suicídio tem servido para esconder razões nada nobres para incentivar a prática. Kovadloff se refere ao costume entre povos ocidentais da antiguidade que estimulavam e sacralizavam a morte dos idosos por perderem a capacidade de desempenhar papéis na comunidade. A eles era prometida uma eternidade gloriosa. Também eram heroicizadas as mortes em combates ou suicídios que marcassem posição de defesa dos interesses da coletividade. A cultura da indução ao suicídio estava presente em algumas civilizações:

> Tanto nas sociedades chamadas bárbaras pelos gregos, como na egípcia e na hindu, a indução franca ao suicídio por parte da comunidade tinha *um sentido cultural legítimo e benfeitor, já que preservava a identidade do grupo* [grifos no original] (Kalina, Kovadloff, 1983, p. 51).

A revisão das obras nos mostra que cada povo tinha um jeito próprio de lidar com a morte, fosse natural ou provocada, segundo o sistema de valores, culturas e acordos éticos reproduzidos intergeracionalmente. Para Kovadloff (1983), em algumas, é possível perceber que viam utilidade no suicídio, para manter a população em idade produtiva e descartar os idosos e doentes, prometendo-lhes recompensas espirituais e status após a morte.

Para os vikings, os suicidados teriam lugar privilegiado no festival Valhalla, perdendo apenas para deuses e heróis. Os esquimós *igloolik* chamavam de "Terra do Dia" o paraíso para onde iriam os que morreram por suicídio (Alvarez, 1999).

Os Maias acreditavam que a deusa lunar Ixtab protegia os que haviam se suicidado por enforcamento, na maioria indígenas, conduzindo-os até o paraíso. A própria representação da deusa já demonstra o apreço cultural ao suicídio: uma mulher com o rosto deformado e uma corda no pescoço. Em dissertação de Mestrado recente, Méndez (2020) questiona a articulação entre a deidade de Ixtab e sua ligação com o suicídio, como uma forma de se despistar problemas sociais locais:

> Este uso de la figura prehispánica de la supuesta deidad del suicidio imprime de forma implícita un discurso que sitúa el suicidio como una práctica asidua y normalizada entre los grupos humanos residentes de la península yucateca. Del mismo modo, esta perspectiva aplicada a un fenómeno en crecimiento puede desvirtuar y agravar, tanto a medio como a largo plazo, las problemáticas ya presentes difundiendo ideas erróneas acerca de la cultura endógena, la gravedad del fenómeno y cómo afecta este a los miembros de la comunidad (Méndez, 2020, p. 10).

A pesquisa documental, de campo e bibliográfica de Méndez rastreia a influência religiosa-cultural que o suposto culto a *Ixtab* causou na comunidade Maia, desnudando os mecanismos colonialistas que romantizam rituais dos povos originários.

Méndez, em sua hipótese investigativa, sustenta que a deidade ligada ao suicídio jamais existiu, e sendo assim, os povos Maias nunca idolatraram uma suposta deidade por meio de práticas de enforcamento.

Além de Méndez, Reyes-Foster e Kangas também se dedicaram a analisar as deidades nos estados de Yucatán, Campeche e Quintana Roo, em estudos publicados em 2016 que levantaram dúvidas sobre a existência de Ixtab, concluindo que se tratara de uma interpretação equivocada, aliada à busca por dar sentido às iconografias que existiam.

A conclusão do estudo de Méndez é que, embora a deidade chamada Ixtab houvesse existido, era como representação religiosa de deusa da caça. Sua suposta função de deusa responsável por estimular o suicídio provavelmente foi criação posterior, deliberada em decorrência das condições climáticas da região em épocas remotas, que provocavam problemas sociais intensos e o aumento do número de suicídios nas comunidades Maias pré-hispânicas.

O Código de Manu e o *sati*

O *Código de Manu (Manusmriti,* Leis de Manu ou *Manava--dharma-shastra),* um dos mais antigos textos jurídicos, teria sido redigido no período compreendido entre os séculos II a.C. e II d.C., estabelecendo regras e conceitos morais e políticos. Descrevia o ciclo de vida dos homens brâmanes como composto por quatro fases, *Ashramas.* Cada *Ashrama* expressava os preceitos éticos, morais, filosóficos e religiosos da sociedade indiana antiga, dirigidos às quatro castas de maneira distinta, cada uma delas constituída por uma identidade cultural e religiosa (Martins, 2012; Alvarenga, Silva e Nina, 2017).

A casta mais alta era a religiosa, ligada à educação e à filosofia, composta pelos *Brahmin,* creditada como tendo nascida da boca do Brahma. Os Kshatriya, à qual os guerreiros pertenciam, era nascida dos braços de Brahma. Os Vaishya, composta pelos comerciantes, nascidos das pernas de Brahma, e os Shudra, a mais inferior das castas, nascida dos pés de Brahma e que só tinham como função servir às castas. A mulher descrita no Código de Manu era destituída de autonomia, devendo ser submissa ao pai, quando criança, ao marido, quando adulta, e aos filhos, quando idosa (Martins, 2012).

Em celebrações religiosas, muitos brâmanes em busca do transe que os levariam ao estado de nirvana terminavam por se matar (Moron, 1992). Há registros de suicídios praticados por soldados derrotados, por pessoas comuns envolvidas em contendas com vizinhos que terminavam em morte, anciãos em desapego das posses terrenas, entre outros.

No entanto, o suicídio mais marcante e com maior significado ético-moral em termos de volume, expansão geográfica e reprodução através de gerações foi o *sati,* praticado pelas viúvas indianas na região setentrional da Índia. A indução ao suicídio de mulheres remonta ao século XV entre os *ksatriyas,* casta bem-posicionada na hierarquia social na Caxemira, segundo o Código de Manu (Martins, 2012; Gracias, 1996).

O título *suteemata* (mulher virtuosa, mãe pura) era uma deferência social e cultural às viúvas que morriam queimadas na pira mortuária junto ao marido morto, como um ato de coragem em honra à abnegação e devotamento (conhecido como *Sahamarama* ou *Sahaganama*), podendo ser no mesmo dia ou depois da cremação do esposo falecido (*Anumarana* ou *Anugamana*). Com o passar do tempo, o termo passou a ser utilizado para descrever o ritual, que consiste em suicídio compulsório das viúvas se atirando nas piras crematórias nos túmulos dos maridos, o que perdurou até o século XIX, quando foi considerado ilegal (Praharaj, 2011; Neves, Corrêa e Nicolato, 2010; Barbagli, 2019).

O ritual era estimulado segundo o entendimento de que os votos do matrimônio se estendem até o pós-morte. Enquanto praticado pelas mulheres *ksatryas,* o *sati* era considerado um ato heroico. Após se espalhar por outras castas, o ritual tomou roupagem sagrada, inserindo-se na ritualística brâmane. Há registros de viúvas que, ao recusarem se imolar, foram drogadas, amarradas e jogadas ao fogo (Basagli, 2019), constituindo verdadeiros feminicídios.

Ainda sobre o ritual de *sati*, embora proibido na Índia desde o ano de 1829, quando ainda era colônia inglesa, apenas no ano de 1987 foi sancionada lei do governo indiano sobre o assunto. Com a força dos costumes, reproduzidos há séculos, ainda se tem notícias de casos do ritual no século XXI, precisamente no ano de 2007. Em matéria publicada no jornal *El País*, se relata caso ocorrido no Rajastão, em que a polícia foi chamada para impedir que uma multidão obrigasse uma indiana a se queimar viva na pira funerária de seu marido, em espetáculo de morte tida como gloriosa (Rojas, 2007).

Além da valoração moral da morte durante o funeral do marido, o *sati* denuncia a situação violenta a ser enfrentada pelas viúvas, desamparadas e malvistas socialmente. E se escapassem da tentativa de suicídio, sofriam, além das dores físicas causadas pelas queimaduras, a rejeição social por terem falhado no cumprimento do que a tradição rezava.

O *Bushido*

Durante o período feudal no Japão, no século XVII, sob o governo de Tokugawa, havia quatro estamentos sociais, a saber: samurais; camponeses; artesãos e mercadores. Havia também o clero, as famílias cortesãs e os proscritos. Isso sob influência da tradição do *Bushido*, que apesar de não estar sistematizado em escrita, tinha força de código de conduta, que Nitobe considerava a “Alma do Japão”, baseado em sete virtudes: justiça, coragem, benevolência, cortesia, sinceridade, honra e lealdade. Os samurais seguiam rigorosamente o *Bushido* e quando faltavam para com um dos preceitos, não se vendo mais dignos de prosseguir, praticavam o *hara-kiri* (*hara*: barriga; *kiri*: para cortar) usando uma espada para abrir o ventre, provocando uma morte nem sempre rápida, e às vezes necessitando da ajuda de outro samurai experiente para consumar a morte (Nitobe, 2005; Pinguet, 1987).

Aceita, institucionalizada e ritualizada, a morte por *hara-kiri* servia para purgar erros, resguardar a honra dos samurais, afinal acreditavam que o homem existia por apenas uma geração, mas sua honra se estenderia intergeracionalmente (Maeda, 2007; Gonçalves, 2012). Ainda na época, havia no Japão suicídios considerados voluntários e suicídios por obrigação (Quadro 1).

Quadro 1 – suicídios tradicionais japoneses durante o século XVII

Hara-kiri	Exclusivo dos homens samurais
Junshi ou oibara	Acompanhamento de chefe
Tsumebara	Punitivo
funshi	Suicídio por despeito
Munebara	Suicídio por vingança
Sokotsushi	Expiatório
Kanshi	Protesto
Jigai	Suicídio de mulheres de famílias samurais
Shinju	Casal de amantes
Ikka-shinju	Suicídio de toda a família

Fonte: elaborado pela autora a partir da leitura das obras consultadas.

Entre os empobrecidos, os meios mais comuns de suicídio eram o enforcamento entre os homens, o afogamento entre as mulheres e a inanição pelos membros do clero (Gonçalves, 2012).

Assim, no Japão Imperial, não se tratava de direito de se dispor sobre a vida como se quisesse. Havia um sistema rigoroso de conduta a ser seguido e um sistema de categorias dos suicídios, todos denominados, hierarquizados segundo estamento social do suicidado, função e propósito daquele tipo de suicídio pela tradição moral do *Bushido*, marcadamente oral (Quadro 1). Suicídio era parte do cotidiano, aceito e estimulado, havendo algumas punições para com o samurai que, havendo motivos, não praticara o *hara-kiri,* como, por exemplo, ser obrigado a renunciar à condição de samurai, o que trazia muito desgosto à família. Impossível se deparar com esta parte da riquíssima história do suicídio no Japão Imperial e não enxergar atributos que Durkheim descreveu como fato social.

Morrer sob qualquer uma das denominações do rol de categorias de suicídios era socialmente esperado e tinha impacto menor do que a ferida na honra, da maledicência sobre a lealdade, da quebra da sinceridade, da exposição de toda a família e seus antepassados, dos senhores feudais à vergonha. Esta pressão moralizante não se dava somente para com a aristocracia guerreira, mas se espalhava por todos os estamentos sociais (Gonçalves, 2012).

Já vimos o *Bushido* como um *ethos* através do qual os samurais orientavam sua relação com seu ofício e com sua vida em aspecto mais geral. E a morte como continuidade da vida, na referência aos mortos, que são reinseridos simbolicamente na família e na sociedade, na roupagem de ancestralidade. Fazia parte das atribuições do chefe da família honrar e homenagear os ancestrais, a fim de que seus espíritos não se voltassem contra a família, em maldições muito temidas à época (Gonçalves, 2012; Nitobe, 2005).

Na Roma do século I, portanto muito antes do *Bushido*, também se encontrava a morte por suicídio para garantir a própria dignidade ante os confrontos morais, de autoridade e de posição social. Esta categoria de suicídio era de tal modo reconhecida que havia distinção entre os presos condenados e os suicidas. Aos primeiros eram negados todos os direitos, tinham os bens confiscados e, ao morrer, não tinham direito à sepultura. Já aos suicidas era permitido o enterro e sepultura, às famílias eram garantidos os direitos testamentais (Goes, 2004).

No tocante aos soldados romanos, a situação era distinta, uma vez que ao soldado não era permitido se matar, por se constituir uma ofensa ao Estado, já que a vida do soldado não mais lhe pertencia, mas sim a Roma. Se um soldado tentava se suicidar e não fosse a óbito, era "coberto de infâmia", sendo julgado um covarde. A tentativa de suicídio era um "'delito militar' e deveria ser punido como tal" (Goes, 2004, p. 144).

O Papiro de Berlim 3024 é para os historiadores o único manuscrito em escrita hierática que remonta ao final da XII dinastia egípcia. Entre seus textos há o poema "O Diálogo de um desesperado com o seu *ba*", em escrita hierática, possivelmente do final da XII dinastia, que conta a história de um homem em sofrimento em discussão com sua alma (*ba*) (Canhão, 2010).

Na meticulosa e emocionante transcrição da parte que ainda resta do Papiro, feita por Telo Canhão em sua tese de doutoramento, o poema expressa solidão, estranhamentos, desesperança, como no trecho a seguir:

> [...] Com quem posso falar hoje? Não há ninguém que esteja satisfeito, aquele com quem se caminhava não existe mais.
> Com quem posso falar hoje? Estou sobrecarregado pela miséria, por falta de um amigo íntimo.
> Com quem posso falar hoje? Deambular errático pela terra; não há fim para isso.
> Hoje a morte é para mim como a cura para um homem doente é como sair para o exterior depois de estar detido.
> Hoje a morte é para mim como a fragrância da mirra, é como estar sentado sob um toldo num dia de vento.
> Hoje a morte é para mim como a fragrância do lótus,

> é como estar sentado na margem embriagado [...] (Canhão, 2010, p. 322-323).

A pessoa do excerto procura com quem falar de sua dor, repete a ausência de um outro que lhe apoie, registra seu andar vazio. Depois, ensaia uma ode à morte, atribuindo-lhe poder de cura, libertação, refrigério, proteção e entorpecimento para o que sente. Parece considerar a morte como saída para uma vida de sofrimento, embora não fique claro se ele ou ela se suicidou.

Tempos teológico e filosófico

Qual é o sentido da vida? A filosofia ocidental, desde as suas origens na Grécia, se ocupa das questões referentes ao sofrimento humano, às perguntas sobre o sentido da vida, assumindo o desafio de encontrar a verdade que explicaria a existência humana.

Sócrates identificava o filósofo como alguém que deveria se imbuir do constante preparo para a morte, portanto, em direção à *ataraxia*, estado de serenidade semelhante à felicidade, denominada *eudaimonia*. Chegar até este estado se tornou tão importante quanto a discussão sobre a verdade. Como representantes deste pensamento, estavam os filósofos cínicos, cirenaicos, aristotélicos, epicuristas, estoicos e céticos da filosofia grega, e os romanos: Lucrécio, Sêneca, Epicteto, Cícero e Marco Aurélio (Gondim, Martins, 2021).

Atributos como a ganância, a ira, o medo, a concupiscência, a inveja, a desconfiança, as chamadas "paixões da alma" eram consideradas como animalizantes, indutoras ao erro, redutoras da inteligência, devendo ser negadas, condenadas e superadas imediatamente (Santos, 2020).

Na Grécia, influenciada pelos escritos de Aristóteles, em que pesem as discordâncias entre os hedonistas que tinham simpatia para com o suicídio, Egesia di Cirene (cujos seguidores ficaram conhecidos como cireneus) passou a ser conhecido pela apologia ao autoextermínio, sobretudo em casos de muito sofrimento. Muitos de seus discípulos se mataram após terem contato com suas propostas doutrinárias, o que lhe outorgou o apelido de *peisithánatos* (aquele que convence a morrer). Epicuro se posicionava indiferente tanto à apologia quanto ao desprezo pelo suicídio (Teixeira, 1947; Berenchtein Netto, 2007; Rey-Poente, 2008).

No antigo Egito, na época de Cleópatra, o suicídio se institucionalizava pela Academia de Sinapotumenos, que em grego significa "matar juntos" (Souza, Alves, 2013; Dantas, 2005).

Aristóteles e Pitágoras eram contrários, enquanto Platão admitia que alguém vivendo uma dor insuportável, uma doença incurável e outras "misérias do destino" poderia morrer por suicídio sem ser alvo de condenação (Souza, Alves, 2013; Goes, 2004), mesmo contrariando a condição de "pertença", segundo a qual o indivíduo não tem a sua própria vida, mas sim os deuses, como pensavam Sócrates e Platão e o grupo do qual faz parte, conforme o pensamento de Aristóteles, segundo o qual quem se mata comete injustiça perante a sociedade (Gondim, Martins, 2021).

Os estoicos refletiram sobre o suicídio, considerando a virtude como "o único bem" suficiente para a felicidade. A saúde, a riqueza e o prazer só têm valor como recursos quando vinculadas à virtude. Dedicando especial desprezo ao fim da vida, buscavam a libertação dos bens em direção a uma vida simples na "doce quietude" de Cícero. Sêneca dizia que a vida não deveria ser adquirida a qualquer custo, tendo inclusive se matado em gesto de resistência política, em resposta à perseguição de Nero, de quem tinha sido tutor. Portanto, morrer por suicídio era admissível, desde que em ato rigorosamente racional, longe de todas as paixões (Gondim, Martins, 2021).

Em outro momento, na ilha de Ceos, os suicídios recomendados eram cometidos pelas pessoas maiores de 60 anos, para garantir reserva de alimentos para os mais jovens. Após resolvida a questão do acesso aos alimentos, na ilha, onde se cultivou a cicuta, planta de onde se extrai o veneno, este ficava à disposição de quem quisesse se matar, desde que obtivesse permissão do Senado (Berenchtein Netto, 2007; Neves, Corrêa e Nicolato, 2010; Souza, Alves, 2013). O suicídio mais famoso da Grécia Antiga foi o de Sócrates, embora se discuta se foi mesmo suicídio, tendo em vista que teria sido obrigado a beber cicuta.

Hipócrates situava a melancolia como excesso de bile negra, em seu tratado "Aforismo", no qual lista diversas entidades nosológicas conhecidas à época, segundo o qual a melancolia seria o resultado da tristeza e o medo juntos por tempo prolongado (Pigeaud, 2009). O suicídio, então, começa a ser associado à melancolia.

Na Roma Antiga alguns suicídios eram obrigatórios, como, por exemplo, o escravo cujo senhor se suicidara era obrigado a se matar também, como preceito ético de lealdade. Os homens livres e senhores de escravos tinham amparo na lei para se matar (*liberum mortis arbitrium*). Já o escravo, ao se matar, além do prejuízo econômico, ofendia o seu senhor quanto a sua autoridade (Dantas, 2005).

Para Hill (2004), os antigos não "psicologizaram" o suicídio, ou seja, não buscaram entender razões emocionais. As evidências dos suicídios entre os membros da elite na Roma Antiga apontam para suicídios ligados ao medo da vergonha e da desonra, não a situações de sofrimento, como se deu no Japão Imperial. Embora, numa perspectiva atual, ter medo de enfrentar a vergonha e desonra constitui entrar em crise com a existência.

Os aristocratas viviam em meio a normas sociais em que a honra significava ética, mas também significava influência social. Já entre os plebeus, não há nas evidências comprovações de qualidades morais legitimadoras dos suicídios, mas relatos de motivos vergonhosos e registros dos meios escolhidos: enforcamento e salto de abismos. Aconteciam suicídios entre os militares, geralmente por espadas, em atos considerados honrosos, o que indica uma interpretação do suicídio não como uma morte autoinfligida, mas como um testemunho moral reconhecido pela sociedade (Hill, 2004; Goes, 2004).

Há referências um tanto frequentes a suicídios por espada. Além de ser o meio letal mais provavelmente à mão no momento, a espada atrai diversos significados:

> [...] a espada é o símbolo do estado militar e de sua virtude, a bravura, bem como de sua função, o poderio. O poderio tem um duplo aspecto: o destruidor (embora essa destruição possa aplicar-se contra a injustiça, a maleficência e a ignorância e, por causa disso, tornar-se positiva); e o construtor, pois estabelece e mantém a paz e a justiça. Todos esses símbolos convêm literalmente à espada, quando ela é o emblema do rei... símbolo guerreiro[...] nas tradições cristãs, a espada é uma arma nobre que pertence aos cavaleiros e aos heróis cristãos (Chevalier, Gheerbrant, 1989, p. 392-93).

Morrer pela própria espada era considerada a mais honrosa das mortes, como o caso de Marco Pórcio Catão, o jovem estoico que "aparece como um exemplo, uma verdadeira personificação da austeridade, patriotismo e moralidade que definiriam os traços dominantes do homem público romano" (Ehrhardt, 2014, p. 13). Catão se suicidou com a própria espada ante a vitória de Júlio César, de quem era forte opositor, na Batalha de Tapso (Fontes, Dinucci, 2016; Ehrhardt, 2014; Bertolote, 2013).

Um dos marcos da história do problema ético representado pela morte autoprovocada foram os escritos de Aurelius Augustinus, que se tornou conhecido como Santo Agostinho. Influenciado pelo maniqueísmo de Platão, escreveu mais de cem textos, desde tratados filosóficos e teológicos, sermões, comentários bíblicos e cartas. Santo Agostinho condena duramente o suicídio em *Cidade de Deus.* A sua condenação rechaça a ideia dos seguidores de Donato de Casas Negras, responsabilizado pelo primeiro Grande Cisma na Igreja de Cartago. Donatistas normalizavam o suicídio individual ou coletivo afirmando ser uma prerrogativa do ser humano. À época, se considerava justo o suicídio de mulheres que haviam sido estupradas.

Agostinho parte do princípio do mandamento do amor em que a medida do amor ao outro passa pelo amor a si mesmo. Dessa forma, somente Deus pode dispor da vida humana concedendo seu princípio e seu fim. Em 22 livros, escritos em uma década, entre os anos de 413 e 427, apresentou ao mundo da época um tratado teológico, filosófico e político que situa os cristãos quanto ao que esperar de um deus único, sobre os valores espirituais em contraposição aos terrenos, a sacralização da vida humana como centro da Criação Divina e a condenação de quem a abreviasse, excetuando o caso dos martírios (Gilson, 1995; Goes, 2004).

Quando se estuda a história dos santos e santas, encontra-se um misto de martírio e atos suicidas, como nos casos narrados por Eusébio de Cesareia, a exemplo da Santa Apolônia, irmã de um magistrado de Alexandria, que entre outras torturas teve todos os dentes arrancados por pancadas no maxilar. Jogou-se no fogo ao ser forçada a praticar atos considerados por ela impuros. São Lourenço, que foi colocado sobre uma grelha quente após ser acusado de obter riquezas, no século III. Santa Pelágia, erigida a mártir, teria também se suicidado no ano 304 na Antióquia. Cristãos e cristãs procuravam a morte para escapar da perseguição romana se atirando ao fogo ou à água, como o caso de uma mulher e suas filhas, que para não serem violentadas pelos soldados inimigos, preferiram morrer afogadas (Goes, 2004). Assim, a morte autoprovocada pela recusa do uso do corpo para obtenção de prazer e permanência no estado de pureza tornava o suicídio, para Agostinho, aceitável, alçado ao status de martírios.

Em Roma, sob o império de Constantino, o suicídio do homem comum já não era mais permitido em função das altas taxas de mortalidade pelas pestes e guerras, reduzindo a mão de obra disponível. Tal conjuntura levou o Imperador a proibir o suicídio e punir os familiares dos suicidados, confiscando-lhes os bens. Santo Agostinho já se declarava contra o suicídio, excetuando os considerados martírios, o que foi confirmado pelo Concílio de Arles (452 d.C.), que condenava o suicídio dos escravos e servos, provavelmente pelo prejuízo que essas mortes causavam aos seus proprietários (Dantas, 2005).

O Concílio de Orleans (533 d.C.) determinou que os familiares não poderiam fazer suas ofertas para as Missas e nem poderiam pedir orações pelo suicidado. Os Concílios de Braga, em 563, e Auxerre, em 578, condenaram todas as formas de suicídio (Barbagli, 2019).

Na Suma Teológica escrita por Tomás de Aquino no século XIII, o problema da justiça e o suicídio estão postos com curiosa atualidade. Aquino se refere à justiça como derivado dos direitos, e a estes como atributo do ser humano. As leis então são as regras dos direitos, categorizadas em divina, natural e humana. A lei divina e a lei natural procedem de Deus, sendo a primeira um conjunto de deveres sagrados e a segunda compreendida pela razão humana daquilo que Deus determina como princípio e fundamento da existência natural no mundo. A lei humana é concebida pela sociedade diante de seu arcabouço jurídico, não podendo contrariar a lei natural e a lei divina (Aquino, 2005).

Aquino era frei dominicano, seus escritos demonstram clara influência de Platão e Aristóteles, do Direito Romano e, evidentemente, de Santo Agostinho. Tomás de Aquino rechaça o suicídio baseando-se, principalmente, na filosofia aristotélica. O suicídio, para ele, é estar contra as leis divinas. O livre-arbítrio não inclui o direito de homicídio, por ferir a lei divina; o que consequentemente também não inclui o direito de decidir pela interrupção da própria vida. Quem morre por suicídio comete tríplice malícia, fruto de uma deserção tripla: deserta como indivíduo, deserta socialmente e, na dimensão religiosa, deserta da missão recebida de Deus. Ou seja, se trata de um pecado diante de Deus, da sociedade e diante de si mesmo. Desde então, o suicídio passou a ser visto como um *crimen pessimum* (Aquino, 2005).

Durante o século XVI, na ilha alemã Rúgia, havia um estranho procedimento feito por homens, que consistia em cavar um túnel por baixo da porta principal da casa, ou quebrar uma parede, pela parte de fora, a fim de fazer passar o cadáver dos enforcados, considerados indignos de cruzar a porta da casa (Barbagli, 2019, p. 50).

O Renascimento e todo conjunto de transformações que provocou marcaram também sua influência em relação ao suicídio, uma vez que significou diluição dos poderes da Igreja e da hegemonia em relação à condenação do suicida. A filosofia sugere que o suicídio é escolha de cada um, dessacralizando a vida humana, que agora é vista como pertencente à própria pessoa, não mais ao divino e nem à sociedade. A questão passa a ser de direito individual, o que se manifestou tendência nos estados burgueses emergentes, onde passaram a valorizar cada vez mais a liberdade dos cidadãos. Por outro lado, representava o fardo das responsabilidades agora totalmente pertencente aos cidadãos e cidadãs (Gondim, Martins, 2021).

No século XVII, o *ergo cogitans* de Descartes reacomoda a pessoa humana como autônoma, livre do crivo religioso, mas não descarta a ideia agostiniana de que há uma essência divina em cada pessoa, lhe conferindo liberdade para excluir-se das demandas mundanas. Assim, matar-se significava sucumbir a estas necessidades e agir contra a essência divina. A epistemologia cartesiana também se debruçou sobre o sentido da morte. Ou seja, "como é possível conhecer verdadeiramente o mundo partindo da consciência como dado evidente" (Gondim, Martins, 2021, p. 92).

O assunto seguia objeto das discussões no século XVIII entre racionalistas que condenavam o suicídio, como Kant, e os céticos, como Hume, que defendiam o suicídio e criticavam toda condenação religiosa do ato. No âmbito dos costumes, o morto por suicídio poderia ser processado e condenado por "homicídio de si mesmo". As penas eram variadas, incluindo o *damnatio memoriae* (descrito no parágrafo seguinte), podendo o cadáver ser queimado, no caso de ser mulher, ou arrastado atado a uma carroça, com o rosto virado para o chão, pelas ruas da cidade, em direção à praça onde seria pendurado pelos pés de onde só seria retirado 24 horas depois, para ser descartado sem enterro (Barbagli, 2019).

> Sobre o *damnatio memoriae,* que em tradução livre significa "apagar a memória", era conhecido e aplicado em Roma desde o período da República (509 a 27 a.C.). Consistia em excluir todos os registros da existência do morto na localidade. Após a morte de alguém declarado inimigo de Roma, aplicava-se as sanções: a esposa não podia lamentar a morte do proscrito; a família não podia ter imagens do morto; todos os bens do morto eram confiscados, incluindo os bens dos que tivessem o morto como beneficiado pelo testamento; a casa do morto seria expropriada da família, podendo ser demolida e transformada em espaço público (Gonçalves, 2003-2004, p. 17-18; Ehrhardt, 2014).

A condenação, a culpa, a estigmatização das famílias, a proibição de vivência do luto certamente produziram muitas consequências sociais, ainda que não tenham sido reconhecidas como tais.

Schopenhauer, no século XIX, expôs suas ideias sobre a vida como constituída por "dor e fastio". Criticava os princípios de pertencimento divino, social e jurídico que se opunham ao suicídio, por entender que a existência humana é tão triste, sedenta, abandonada, incerta de si e de tudo, e que, portanto, a morte podia sim se tornar desejável (Gondim, Martins, 2021).

Nietzsche condenava o pessimismo de Schopenhauer. Apesar de ter sido seu admirador por algum tempo, entendia que a defesa do suicídio era uma "morte covarde". Para ele, a ideia do tempo como um algoz que mata, uma "injustiça malévola do destino, um golpe inesperado do acaso, um assalto em que o ladrão chega de mansinho" (Nasser, 2008, p. 107).

Segundo a lei inglesa, no século XIX, a herança do suicidado era confiscada, a menos que se convencesse as autoridades de que a morte fora por ato de insanidade. Na segunda metade do século, começaram a inserir nas investigações de suicídios os aspectos morais, de modo a enquadrar psicossocialmente os suicidados, de acordo com as discussões da época. Assim, os suicidados passaram a ser enterrados em terreno sagrado, com rituais, a partir de 1882 (Carneiro, 2013).

Novamente se apresentam as punições aplicadas aos familiares, já que o suicidado não mais poderia sofrê-las. Tais medidas tornavam o luto – já complicado – em verdadeira execração pública. Percebe-se que o lugar social das leis e da religião não correspondia ao lugar epistêmico do lado da pessoa que procurava o suicídio, conseguindo ou não a morte, tampouco ao lado da família enlutada.

Após a Revolução Francesa, as medidas contra o suicídio foram abolidas, em uma demonstração de que o ato não mais constituía uma ameaça ao Estado. Mesmo assim, estava construída ao longo de séculos uma aversão da sociedade em relação ao suicídio e ao suicidado (Dantas, 2005, p. 50).

Tempos de Sociologização do suicídio

No século XIX, arrefeceu-se o controle estatal e eclesiástico de corpos especificamente em relação ao suicídio. Porém, permaneceram os mecanismos de controle por força moral reproduzidos pela população, que carimbava no suicidado a pecha de pecador, covarde, perigoso, transgressor, o que obviamente não se refletia mais sobre o morto, mas sobre seus familiares. Impedir o suicídio não tinha como referência a manutenção da vida, o acolhimento a quem demonstrava comportamento suicida. Era simplesmente não permitir transgressões ao que estava posto. Estar contra o suicídio não significava estar a favor do sujeito que o procurou. Necessário se perceber esta curiosa racionalidade, que ainda acompanha boa parte das discussões sobre suicídio.

Karl Marx, no seu artigo "Peuchet: sobre o suicídio", publicado no ano de 1846, inseriu excertos de reflexões acerca do suicídio como fenômeno social, cuja frequência crescia relacionada a tempos de instabilidade de comércio, invernos rigorosos, sendo a miséria a principal causadora. Marx escreveu o artigo a partir dos trechos de relatos de casos do ex-arquivista de polícia Jacques Peuchet, os quais haviam sido publicados no capítulo "Do suicídio e de suas causas" do artigo "Memórias", escrito por Peuchet e só publicado após sua morte (Marx, 2006).

Em suas memórias, Peuchet denuncia os sofrimentos causados pelas injustiças sociais, além dos julgamentos morais acerca do suicídio:

> Quando se veem a forma leviana com que as instituições, sob cujo domínio a Europa vive, dispõem do sangue e da vida dos povos, a forma como distribuem a justiça civilizada com um rico material de prisões, de castigos e de instrumentos de suplício para a sanção de seus desígnios incertos; quando se vê a quantidade incrível de classes que, por todos os lados, são abandonadas na miséria, e os párias sociais, que são golpeados com um desprezo brutal e preventivo, talvez para dispensar-se do incômodo de ter que arrancá-los de sua sujeira; quando se vê tudo isso, então não se entende com que direito se poderia exigir do indivíduo que ele preserve em si mesmo uma existência que é espezinhada por nossos hábitos mais corriqueiros, nossos preconceitos, nossas leis e nossos costumes em geral (Marx, 2006, p. 26).

Incrivelmente atual a indignação de Marx e Peuchet contra a condenação da pessoa morta por suicídio, uma vez que a sociedade não oferece saídas para o indivíduo mergulhado em sofrimento que essa mesma sociedade causa.

O trabalho de Peuchet trouxe à luz o que chamou de "tirania familiar", ao narrar casos de mulheres que morreram por suicídio como única saída frente a situações de confronto entre seu desejo de tomar suas próprias decisões, sobre casar-se ou não, levar adiante uma gestação ou não, proteger-se de agressões físicas cometidas pelos maridos ou pais e os rigores morais vigentes à época. No ensaio, Marx e Peuchet tecem críticas a essas relações patriarcais que culminam em mortes autoprovocadas pelas mulheres em busca de se libertar do jugo, em uma sociedade de classes. Para eles, estava claro que lhes pesava o fato de serem mulheres, mais do que pela classe social a que pertenciam.

Fica claro que o suicídio não poderia ser visto por uma perspectiva individualizada, pois que é construto de uma sociedade de classes. Demonstrou ter reconhecido que pessoas ricas, artistas e políticos também se matavam. Condenou o tratamento hostil para com os suicidados, pois estes seriam vítimas de uma sociedade burguesa que produzia também suicidados não proletários, os quais, impelidos por uma existência reificada, morriam por suicídio (Marx, 2006).

Mesmo com a contribuição de Peuchet e Marx, foi Durkheim que colocou o suicídio na seara da Sociologia, utilizando-se dos métodos estatísticos analíticos conhecidos à época. Analistas de sua obra argumentam que Durkheim no ano de 1888 já escrevera um artigo sobre possíveis relações entre suicídio e natalidade, bem como um dos assuntos do Segundo Seminário de Sociologia, ocorrido no período de 1889-1890, foi o suicídio.

A morte de seu amigo Victor Hommay, que saltou de uma janela situada no segundo andar de um prédio, pode ter apressado a conclusão de sua principal obra: *O Suicídio* (Nunes, 1998). Lançada em 1897, trouxe três classificações para o suicídio: a) egoísta, em que o indivíduo se afasta do coletivo e de seus papéis e se concentra no desejo de morrer; b) anômico, aquele que acontece em situação de grande desordem no grupo social ao qual pertence; e c) altruísta, em que há tanto apego àquilo que é coletivo que não há espaço para a individualidade, levando a pessoa a não mais ver motivos para continuar viva se não for dentro do contexto social e termina por abreviar sua vida.

A contribuição do estudo de Durkheim segundo Lukes (1977) e Douglas (1970) é a de acrescentar outras possibilidades de causa ao fenômeno suicídio, para além da moral, vigente por todo o século XVIII. Durkheim, através de sua pesquisa feita por meio de uma proposta metodológica com base empírica, traz outros fatores, como localização geográfica, raça, clima, industrialização crescente, ocupação, embora também não esclareça a relação entre suicídios e as desordens mentais.

Durkheim dá conta da suposta contagiosidade do suicídio:

> o suicídio é eminentemente contagioso. Esse contágio se faz sentir sobretudo nos indivíduos cuja constituição os inclina mais facilmente a todos os tipos de sugestões gerais e às ideias particulares de suicídio; porque não só são levados a reproduzir tudo o que os impressiona, como são especialmente inclinados a repetir um ato para o qual já possuem certa tendência (Durkheim, 1897, p. 80).

A contribuição de Durkheim provocou comportamentos antagônicos em torno do suicídio ao longo dos séculos: ainda hoje se nota um movimento de silêncio em torno dos casos, na ilusão de que, não divulgando, seja possível conter o efeito de mimetismo do suicídio, sobretudo entre os mais jovens, a exemplo do que ficara conhecido como "Efeito Werther", a onda de suicídios provocada pela identificação com os sofrimentos do personagem principal, o jovem Werther, da obra de Goethe *Os sofrimentos do jovem Werther*, lançado no século XVIII.

Tempos psiquiátricos

Em meio a tantas representações sobre a morte autoprovocada no século XIX, também houve quem se dedicasse a comprovar as raízes psicopatológicas do fenômeno. Pinel descreveu sua proposta de enquadre do suicídio como produto das doenças mentais conhecidas à época, com a publicação do "Tratado Médico Filosófico Sobre a Alienação Mental ou a Mania", no ano de 1801. Propôs o uso de tratamentos de natureza moral para os que tentavam suicídio, seguindo os ditames da Psiquiatria da época (Bertolote, 2013). Pacheco (2003) considera Pinel o primeiro Alienista a reconhecer a dignidade do louco, inclusive para separá-lo dos delinquentes e falsários.

Em 1822, Falret publicou *De l'hypochondrie et du suicide,* uma pesquisa sobre fatores inerentes ao indivíduo e ao grupo social, entre as causas para o suicídio. Após seu estudo, muitos outros pesquisadores publicaram pesquisas sobre suicídio (Giddens, 2001).

Coube a Esquirol, através da obra *Maladies mentales,* publicada em 1838, organizar a nosografia de Pinel, a princípio restringindo o suicidado a insano e posteriormente admitindo outras causas morais, algumas delas "aceitáveis", por haver "sentimentos generosos, exacerbação de emoções e sentimentos fortes que impedem o livre pensamento e precipitam o ser humano ao suicídio ou ao homicídio (Falk, 2011, p. 25; Pacheco, 2003; Oda, Dalgalarrondo, 2004).

Esquirol categorizou dois tipos de suicídio: o agudo ou involuntário, em que o indivíduo está em delírio proveniente de paixões ou emoções, e o crônico, em que o indivíduo, tomado por delírios, planeja e repete as tentativas até o óbito. Vem de Esquirol o entendimento de que, ao atentar contra a própria vida, a pessoa não deseja se matar, mas livrar-se da dor, e que chega a considerar a dor da morte como algo temporário, o que, portanto, não impede o ato (Falk, 2011).

Na segunda metade do século XIX, as paixões estavam em discussão no contexto da clínica. Estudos sobre o suicídio o classificaram em duas vertentes causais do ponto de vista clínico: o suicídio racional/voluntário e o provocado pela loucura, portanto, involuntário por gerar monomanias que não causavam alterações cerebrais, mas que levavam aos suicídios. Quanto às paixões, estas passaram a ser mencionadas na maior parte dos estudos que se propunham a analisar a morte autoprovocada publicados à época, se estendendo até o século XX, como fio condutor para a compreensão do ato (Lopes, 2011).

Médicos brasileiros, como Jaime Figueiredo, Joaquim Moreira, Freitas Albuquerque, Mello Moraes e Rodrigues Torres, também se dedicavam a estudar as paixões "nocivas à vida", que seriam aquelas ligadas aos excessos de prazer, a fortuna, o alcoolismo, o sexo, entre outros; e as paixões "bem dirigidas" que correspondiam aos valores morais da época e colocariam o ser humano no comando de seus impulsos. Percebe-se aí a normatividade dos discursos, de acordo com a moral vigente, reproduzindo o conflito entre a passionalidade e a racionalidade, do qual resultariam muitos suicídios, e reforçando a ideia do suicídio como ato tresloucado, mesmo não havendo alterações cerebrais. Em meio ao reconhecimento da força das paixões sobre a vinculação à vida, os estudos da época também reforçam o imbricamento social na gênese do suicídio, atribuindo a produção de sofrimento ao crescimento das cidades (Lopes, 2011, p. 11).

A esse respeito, o discurso de Dr. Nicolau Joaquim Moreira (1867) é um marco importante. Para compreender a influência das paixões, ele focaliza o terreno e os meios favoráveis à proliferação do suicídio: os grandes centros, aqueles repletos de ilustração, lugar onde reinam a imoralidade, os abusos, excessos, desregramento, dúvida, ganância, depravação e tantos outros elementos considerados nocivos à vida individual e social, perigos e riscos à população. Segundo o autor, o meio possibilita o surgimento de paixões que afetam os humanos, levando-os à transgressão, ao erro, à morte e ao suicídio.

O discurso do Dr. Moreira, proferido em presença da corte imperial brasileira, conduz à necessidade de controle social, "vigilância dos antros" para regular a razão daqueles que estavam expostos às paixões decorrentes da vida nas cidades: "Seu lema é: progresso e bem-estar material 'temperados'" (Lopes, 2011, p. 11). O suicídio, enquadrado moralmente como produto de sentimentos e emoções indesejáveis dos pobres e desvalidos, que deviam ser submetidos à vigilância e ao ordenamento, a fim de não prejudicarem a ordem estabelecida.

Impossível não nos remeter a Foucault e suas reflexões sobre a disciplina:

> [...] Importa estabelecer as presenças e as ausências, saber onde e como encontrar os indivíduos, instaurar as comunicações úteis, interromper as outras, poder a cada instante vigiar o comportamento de cada um, apreciá-lo, sancioná-lo, medir as qualidades ou os méritos. Procedimento, portanto, para conhecer, dominar e utilizar. A disciplina organiza um espaço analítico (Foucault, 2000, p. 169).

No século XX, o suicídio seguiu alvo de interesse dos psiquiatras. Em 1910 Freud participou de uma reunião da Sociedade Psicológica das quartas-feiras em companhia de Adler e discutiu o tema suicídio entre adolescentes.

No ano de 1917, em meio aos efeitos da Revolução Russa, Freud teceu considerações em relação ao impulso de morte que jaz no interior do ser humano, fazendo-o opor-se a cuidar da saúde, a progredir socialmente, a sentir e usufruir do bem-estar (Colucci, 2019). Em seu escrito "Luto e Melancolia", considera a melancolia perigosa pela estreiteza com o sadismo na neurose obsessiva: "O ego só pode se matar se, devido ao retorno da catexia objetal, puder tratar a si mesmo como um objeto – se for capaz de dirigir contra si mesmo a hostilidade relacionada a um objeto, e que representa a reação original do ego para com objetos do mundo externo" (Freud, 2006, p. 257). Este entendimento se opõe à visão sob a qual quem se matava nutria um amor tão grande por si mesmo que ao ser afastado do objeto do desejo, sucumbia à dor, buscando a morte.

O escrito é de 1915 e foi publicado dois anos depois, na época em que Freud ainda não havia proposto a expressão "pulsão de morte". Como as peças psicanalíticas não são objetos da presente revisão, interessa como continuidade dos resgates históricos sobre o suicídio, saber que propõe a melancolia como força destrutiva, na qual o "eu" se revolta contra a perda e, ao invés de entrar no luto, mantém-se identificado ao objeto perdido, podendo levar ao suicídio (Rivera, 2012).

Em o "Mal-estar na civilização", Freud reconhece a complexidade de se entender o fenômeno felicidade, uma vez que o sofrimento teria três origens: o poder superior da natureza, ao qual o ser humano é fadado a sucumbir, a fragilidade do próprio corpo, a inadequação às regras que estão postas socialmente. Mais adiante no escrito, argumenta que mesmo com todos os avanços na ciência não houve mais felicidade a respeito da vida como se esperava (Freud, 1996).

Outro marco importante reportado nos estudos examinados para o século XX foi a teoria sociológica do suicídio ganhar complemento com a contribuição de Halbwachs. Este, em 1930, questionando a suposta objetividade de Durkheim, inclusive pela não inclusão das mulheres em seus estudos, deu continuidade ao trabalho dele, prolongando as séries estatísticas, incluindo estatísticas americanas e soviéticas, confirmou a relação entre depressão econômica e suicídio e confirmou em seu estudo as proposições de Durkheim sobre o efeito protetor da família (Vares, 2017).

No entanto, Halbwachs refuta a hipótese de Durkheim sobre o aumento dos casos de suicídio em situações de repentina melhora nos indicadores econômicos da sociedade. Para ele, é o inverso: as mortes autoprovocadas aumentam em situações de recessão econômica. Também recomendou considerar as diferenças entre as sociedades urbanas e rurais (Vares, 2017).

O século XX também foi marcado pelos suicídios coletivos em contextos de seitas religiosas, sendo o mais conhecido e mais impactante em números o ocorrido na Guiana, em uma área isolada que ficou conhecida como Jonestown, em 1978, liderada pelo pastor Jim Jones, em que 918 pessoas foram induzidas ao suicídio (Cassorla, 2019).

É do século XX a criação da Suicidologia, disciplina destinada a desvelar o comportamento suicida de modo a propor uma prática clínica direcionada para o indivíduo e para a família, já aceitando a construção sociológica do suicídio como fenômeno, para além dos marcadores biológicos. A proposta foi feita pelo Psicólogo Clínico Americano Edwin Shneidman, precursor dos estudos de suicídio e tanatologia. Atuou no Centro de Prevenção do Suicídio de Los Angeles e na Associação Americana de Suicidologia. Escreveu as obras basilares da Suicidologia: "The definition of suicide" (1985), "Suicide as psychache" (1993), "The suicidal mind" (1996). Cunhou termos como "psychache", posvenção e autópsia psicológica.

Tempos de guerra

Impossível pensar em suicídio sem mencionar as guerras, desde as mais curtas em duração, em alcance geográfico, como as internas, até as mundiais. Em leitura de obras que tratam do suicídio em situações de guerra, é perceptível que, a exemplo dos soldados romanos que se pensavam heroicizados pelo suicídio, novamente a humanidade repete este axioma, no século XX, com a anuência e participação do Estado.

O "corpo especial de ataques por choque corporal", conhecido como esquadrão *kamikaze* (vento divino), foi constituído no ano de 1944, como último ato das forças armadas japonesas para conter a invasão das tropas aliadas. Inicialmente eram utilizados aviões, depois lanchas carregadas de bombas, pilotados por militares hábeis e cientes de que a missão custaria sua vida. Gonçalves (2012) traz uma discussão acerca dos estereótipos dos *kamikazes* no ocidente, vistos como alienados, fanáticos, suicidas. Em exame de documentos históricos, o autor descobriu que os *kamikazes* não eram um grupo homogêneo e que não seriam realmente suicidas, mas jovens obrigados a cumprir a missão dada pelo governo japonês, e nem todos acreditavam que teriam êxito.

Hitler, em seus pronunciamentos divulgados pelo rádio, vendo-se derrotado, começou a conclamar os cidadãos alemães a morrerem por suicídio. No ano de 1945, na Alemanha houve ondas de suicídios em massa, em muitas cidades, ante a derrota na Segunda Guerra Mundial e os avanços das tropas soviéticas. Conta-se que em Berlim, quando restava clara a derrota iminente do nazismo, foram distribuídas cápsulas de cianureto ao público após um concerto da orquestra filarmônica. Autoridades civis e militares, além de funcionários do governo, morreram por suicídio, em atos considerados heroicos e com alguns casos até previamente anunciados e estimulados através de pronunciamentos na rádio por Hitler e Goebbels (Goeschel, 2009).

Na cidade de Demmin, ainda em 1945, na Alemanha, estima-se que mais de mil mortes por suicídio tenham ocorrido nos últimos dias da Segunda Guerra Mundial, quando as tropas soviéticas estavam avançando sobre o país derrotado. Horrorizados ante os atos de violência praticados pelos soldados, incêndio de prédios e residências, estupros e assassinatos, famílias inteiras se mataram em poucos dias. Mulheres envergonhadas e traumatizadas por estupros e mulheres apavoradas com as possibilidades de serem vítimas se mataram (Goeschel, 2009; Huber, 2019).

Quando da ocupação da Áustria pelos nazistas, houve muitos suicídios, em sua maioria de pessoas judias apavoradas ante a iminente deportação para os campos de concentração. Freud e sua família precisaram se mudar para a Inglaterra, depois de muitas incertezas, obstáculos burocráticos e diplomáticos, e de Ana Freud ter sido interrogada pela Gestapo. Cada vez mais debilitado por um câncer na mandíbula, inoperável e não reagente ao tratamento implementado, Freud havia feito um acordo com Schur, o médico que o acompanhava, para que lhe abreviasse a vida. Cumprindo o acordo, Schur aplicou-lhe medicamentos em quantidade letal, e, em 23 de setembro de 1939, Freud faleceu (Gay, 2014).

Landsberg, filósofo existencialista judeu alemão, morreu em um campo de concentração, em 1944. Sua mãe teria morrido por suicídio anos antes, ao se sentir acuada ante a invasão nazista na cidade em que morava. Os estudos de Landsberg, provavelmente influenciados pelo suicídio da mãe, criticavam a categorização de Durkheim como sendo demasiadamente ampla e por não considerar os suicídios de pessoas que já sabiam que iriam morrer, queimadas vivas na Inquisição ou decapitadas na Revolução Francesa (Landsberg, 2009). O alerta de Landsberg veio ao encontro do artigo de Marx e Pêcheux, que trouxe à discussão ético-política os casos de suicídio de mulheres para fugir da crueldade dos maridos e pais.

Viktor Frankl, psiquiatra austríaco judeu, já interessado pelo tema da morte e do sofrimento, tratava pacientes a partir do que chamara provisoriamente de "análise existencial". Após o término da Segunda Guerra Mundial, durante a qual foi prisioneiro no campo de concentração, tornou-se uma referência na prevenção do suicídio com sua vasta produção técnica advinda de sua atuação nos centros de aconselhamento para jovens. Sua proposta teórico-metodológica ficou conhecida como Logoterapia (Frankl, 2010).

A Guerra da Argélia, iniciada como revolta contra a colonização francesa, conhecida como Revolução Argelina, durou aproximadamente dez anos, entre 1954 e 1962, resultando na morte de mais de 300 mil argelinos e quase 28.000 soldados franceses. Fanon (1958) trabalhava como psiquiatra à época e narrou alguns casos de transtornos mentais causados por traumas de guerra entre militares franceses e colonos argelinos que atendeu. Narrou algumas tentativas de suicídio no hospital de campanha em que um ex-soldado se sentia permanentemente em risco de ser novamente levado ao front de batalha.

Em contexto das guerras do século XX e XXI, em paralelo às discussões sobre vencedores e derrotados, percebe-se que nem sempre se optou pelo suicídio por defesa da honra. Dialeticamente o suicídio esteve presente, e talvez ainda esteja, em situações-limite, para garantir alguma autonomia, fugir da morte lenta e violenta pelas mãos do outro. Mas está claro que, entre os milhares de suicidados, havia pessoas adoecidas pelos traumas da vida transformada pela guerra. Então, mesmo que o fenômeno seja atravessado por axiomas, ideologias, o suicídio sempre teve ligação com intenso sofrimento.

Depois das guerras do Golfo, do atentado de 11 de setembro, da guerra no Afeganistão, os jornais e noticiários de TV americanos passaram a veicular mais matérias sobre a volta dos soldados, aclamados como heróis e atingidos por sequelas físicas, neurológicas e mentais, transtorno de estresse pós-traumático aliado a desemprego, casamentos rompidos, dependência química e alcoólica. Essa realidade dramática e sem controle trouxe abalos sociais de tal modo que a Secretaria Norte-Americana para ex-combatentes instituiu a prevenção do suicídio entre as ações de assistência. Segundo dados da associação Joseph Dwyer, entre os anos de 2008 e 2016, mais de 6.000 ex-combatentes morreram por suicídio, incluindo o soldado que dá nome à Associação, fato ocorrido em 2008 (Joseph P. Dwyer Project, 2023).

Segundo reportagem da BBC, a guerra na Ucrânia já produzira, em 2018, 554 suicídios de militares da ativa, embora este registro não conste dos números oficiais do Ministério da Defesa Ucraniano. Considerado um crime na Ucrânia, o suicídio causa mal-estar social em todas as instâncias. A Igreja Ortodoxa condena o suicídio e proíbe que os seus presbíteros ministrem os ritos religiosos aos suicidados. As famílias, pressionadas pela repercussão vexatória, por vezes se recusam a enterrar os parentes suicidados e se recusam a falar sobre o morto. A vice-ministra para Assuntos dos Veteranos informou que aconteceram em torno de 700 suicídios de veteranos de guerra desde 2014, mas reconheceu a possibilidade de haver muito mais (Gunter, 2022).

A recusa a participar de guerra também aparece como motivação para o suicídio. Um dos casos mais recentes é do rapper de 27 anos, reservista do exército russo, que morreu por suicídio após ter sido convocado para servir na guerra (*The Economic Times*, 2022).

As guerras têm uma dimensão interminável, que se inscreve no aparelho psíquico dos que as vivem, sejam quais forem seus papéis. Os heróis, os derrotados, os vitimados, os que acompanham pelas redes sociais... todos marcados por lembranças traumáticas, lutos não vividos, perdas de toda ordem, sequelas físicas.

Tempos Epidemiológicos: permanências e rupturas

No século XXI, identifica-se diferentes rupturas: a sociedade da informação em tempo real rompe com os modelos estabelecidos de comunicação e passa a se comunicar via códigos que se diferenciam rapidamente da escrita historicamente aprendida. As guerras ganharam ainda mais poder de destruição com mísseis de precisão cirúrgica, aeronaves invisíveis aos radares inimigos, armas biológicas de alta letalidade.

As rupturas se expandiram em muitas direções: aumento exponencial das possibilidades de consumo, reposicionamento da discussão sobre liberdades individuais, reconhecimento de direitos reprodutivos, surgimento de novas ocupações remuneradas, novas configurações familiares, novos padrões estéticos nas artes, novos modelos tecnológicos. Importante salientar que nem toda ruptura se deu como expressão de avanços sociais, com efeito, muitas rupturas foram impostas pela invasão de outras culturas pelo espaço cibernético, que não reconhece fronteiras.

O suicídio permanece como desfecho complexo, se repetindo em contextos muito parecidos com os de outros tempos já visitados em capítulos anteriores, em modos e sujeitos mergulhados em desafios e experiências semelhantes, em que pese o passar dos séculos. Permanece com faceta política, pois se dá em espaços de luta pelo poder e exige revisão dos acordos éticos feitos pela sociedade em cada período histórico, nas diferentes culturas. Também permanece a ligação do suicídio com o empobrecimento da população (Pereira, Paula, 2019; Pereira, 2022).

No ano de 2003 foi instituído o dia 10 de setembro como o Dia Mundial de Prevenção do Suicídio, constituindo o marco ético de chamamento das autoridades mundiais para o esforço em torno da prevenção do suicídio e do acolhimento das pessoas sobreviventes e das pessoas enlutadas. O principal obstáculo a ser enfrentado era a fragilidade nas informações de mortalidade por causas externas, entre as quais o suicídio. Em 2011 a notificação de tentativas e mortes por suicídio tornou-se obrigatória no Brasil (WHO, 2014).

A assunção do suicídio pela Organização Mundial da Saúde, como problema de Saúde Pública, no ano de 2014 (WHO, 2014) foi um marco orientador das políticas públicas, até então incipientes e difusas, até mesmo entre os 172 países que integram a OMS. Esta foi a mais importante ruptura em relação à maneira como se tratava o suicídio até então. Deslocou o suicídio da esfera criminal, do véu da vergonha, do silêncio para a arena da saúde pública.

Epidemiologizar o suicídio também foi uma ruptura com a romantização, as elucubrações filosóficas, as metáforas. Possibilitou a realização de pesquisas populacionais importantes para identificar incidências, prevalências, fatores de risco, proteção, desencadeantes, precipitantes e estabelecer a obrigatoriedade de notificação das tentativas e dos suicídios.

Quanto às notificações de tentativas, vê-se aí a participação dos serviços de urgência e emergência, através das equipes que atendem as pessoas logo após a tentativa. Estudo recente comprova a moralização estigmatizante ainda presente em profissionais de urgência e emergência em relação à pessoa que tentou morrer, o que atrapalha a notificação das tentativas, pois mais se registra ocorrências secundárias do que a tentativa (Pereira, 2022).

Estudos ligados aos conceitos trazidos por Shneidman ganharam mais espaços nas Instituições de Ensino Superior, algumas pós-graduações *lato sensu* em suicidologia surgiram, ainda às voltas com algumas resistências por parte da sociedade em geral e dos próprios profissionais da área de Psicologia. Verificando as subáreas do conhecimento da CAPES, ainda não se encontra Suicidologia entre as listadas. É algo a ser construído.

Os estudos retrospectivos e os preditivos produziram evidências para sustentar o alerta mundial quanto à importância e urgência de se diagnosticar e tratar as pessoas com depressão e outros transtornos, que estariam já respondendo por uma média de 12 mil suicídios por ano (antes da pandemia) sob pena de haver mais de 800 mil suicídios no mundo até o ano de 2023. O que se sabe atualmente é que morreram mais pessoas por suicídio do que por HIV, malária, homicídios e câncer de mama, sendo a quarta maior causa de morte de pessoas entre 15 e 29 anos (OMS, 2022; Cardoso, 2018).

Embora se possa questionar os enquadres propostos que trazem risco de se identificar tentativa de suicídio com doença psiquiátrica, e novamente se incidir em preconceitos, se sabe que gestão de políticas públicas se baseia em indicadores, instrumentos estatísticos de mensuração e estudos preditivos.

O próprio conceito de "problema de saúde pública" se mantém envolto em mistério, pois não é uma doença, nem um agravo, mas uma consequência, um desfecho possível de um processo complexo que engloba questões físicas e mentais profundas. Ainda é cedo para dizer se este enquadre resultou ou não em políticas públicas eficazes. O que se vê é que não há unidades de saúde preparadas para atender pessoas em crise suicida. Nas UPAs não há equipes de psicólogas e psicólogos. Os demais serviços de prontos-socorros não dispõem de condições de atendimento para esta emergência.

As notificações se mantiveram instáveis, atingidas por dificuldades culturais de quem as preenchia, também atravessado pelo tabu referente ao suicídio. A dificuldade de esclarecimentos das mortes por causas externas também impacta nas taxas de suicídio, uma vez que a intencionalidade não é fácil de se estabelecer, restando a classificação como "morte acidental" ou "causa indeterminada" ao final do processo de registro.

Tempos pandêmicos e um novo *ethos* instalado

A chegada de um representante da extrema direita ao poder no Brasil coincidiu com a maior emergência sanitária conhecida, seja por expansão territorial, seja por número registrado de mortes: a pandemia do SARS-CoV-2. Estes dois fenômenos constituíram rupturas dos contornos constituintes da sociedade brasileira em muitas frentes.

O período pandêmico no Brasil consiste certamente em período histórico importante sociologicamente por apresentar uma conjuntura política e social que anuncia um *ethos* marcado pelo retorno às lutas por direitos sociais antes garantidos, quase um milhão de mortos por COVID-19, negacionismo científico, espalhamento de notícias falsas pelas redes sociais, retrocessos em políticas públicas de saúde, incentivo ao armamento da população.

O surgimento de subprodutos nos supermercados como soro de leite, arroz quebrado e metades do grão de feijão, pele de frango, entre outros, evidencia que grandes contingentes populacionais estavam perdendo capacidade de sustentar a família com os itens básicos de alimentação e que os grupos empresariais, percebendo, resolveram aumentar seus lucros, vendendo o que em outras ocasiões seria descartado, ou doado.

Todos os deperecimentos sociais e políticos, com quebras de acordos éticos até então considerados imutáveis, demonstraram que o acesso à informação em tempo real não trouxe necessariamente a informação correta e adequada, tampouco a liberdade, nem a equidade, ou por outra, até dissemina conteúdos de estímulos à autoagressão, à recusa à vacina, ao retrocesso político e à falta de saídas.

Sendo a lei e tudo o que ela sustenta simbólicos, às figuras de autoridade políticas, morais, religiosas, são atribuídos poderes de elaborar enunciados capazes de responder à grande pergunta: o que o outro quer de mim? "Toda ordem social necessita, para se estabilizar, desses dispositivos agenciadores do desejo, em sua dimensão de desejo do desejo do outro" (Kehl, 2009, p. 30). Assim, se explica a grande adesão aos pronunciamentos oficiais de autoridades em horário nobre na TV, *lives* e entrevistas divulgando e defendendo campanhas contra a vacina, incentivo ao uso de medicamentos ineficazes contra a COVID-19, o porte de armas, liberação de aglomerações.

Outra face do *ethos* presente naqueles dias, consequentemente, foi a ideologização da pandemia e todos os recursos de proteção tornados símbolos: a máscara, o álcool em gel, a touca, a luva, a vacina, os remédios. A população foi permanentemente inundada em seus smartphones por mensagens descaracterizando os riscos de infecção e gravidade da COVID-19, induzindo à aglomeração, entre outros. O que se viu foi uma sociedade cindida entre os que se indignavam com as mortes em crescimento escalar e os que atribuíam o uso dos equipamentos de proteção à simpatia com partidos opositores ao Governo Federal.

A partir dessa ideologização, muitas mortes foram causadas pela adesão à ideologia de extrema direita, de obediência às instruções de recusar vacina, máscara e o distanciamento social. O que permaneceu intacto e em crescente foi o suicídio, em vigência de um projeto político de promover e aumentar a precariedade do Sistema Único de Saúde em todos os níveis de complexidade, notadamente no que concerne à assistência às necessidades de saúde psicossocial.

A dissolução da Coordenação de Saúde Mental do Ministério da Saúde, através do decreto presidencial de número 11.098 de 20 de junho de 2022, e a distribuição das ações para a Atenção Primária anunciavam que a saúde mental da população em período pandêmico não se constituía prioritária. Após a posse do Presidente Luiz Inácio da Silva, em 2023, a Coordenação de Saúde Mental foi restituída.

Em documentos oficiais, a Organização Panamericana de Saúde (OPAS) alertou que a pandemia de COVID-19 agravou os fatores de risco para os comportamentos suicidas. Estudos internacionais comprovam o aumento das necessidades de saúde mental durante uma pandemia e alertam para a tendência de aumento de suicídios, violências de gênero e contra crianças (Yao, Shen, Xu, 2020; Antiporta, Bruni, 2020).

A pandemia categorizou a população mundial em: 1) mortos, 2) sobreviventes e 3) enlutados, sendo estas duas últimas categorias não excludentes entre si. Todos que sobrevivemos tivemos perdas e danos cuja profundidade e extensão ainda estamos por descobrir. Em meio ao luto social não vivido, mesmo decorridos cinco anos – o que não atenua significativamente o sofrimento –, os serviços de emergência estão registrando mais e mais casos de tentativas de suicídio em consequência da lacuna de assistência à saúde mental no nível primário, na rede pública de saúde.

A população ainda precisa que o SUS desenvolva a capacidade de manter no sistema o usuário que tentou suicídio, para atendimentos posteriores de acompanhamento. Os familiares enlutados e sobreviventes precisam de intervenções de socorro para as crises, além de seguimento em níveis primário, secundário e terciário, compreendendo tratamento medicamentoso, psicológico, grupos de apoio e demais estratégias de assistência adequadas para as necessidades apresentadas.

Em pesquisa publicada em 2022, entrevistando profissionais de saúde de diferentes formações em relação ao que sentiam durante o atendimento a pessoas em tentativas de suicídio, os resultados trouxeram como categorias: o impacto, o despreparo, emergência ilegítima, o sofrimento de quem atende, entre outras. Ainda se constata preconceitos, repulsa e pouco conhecimento sobre a crise suicida e isso constitui um empecilho no estabelecimento do plano assistencial adequado e dos seguimentos dos casos na rede pública. As representações mantidas pelos profissionais que atendem pessoas logo após tentativas interferem indiretamente nas políticas públicas de prevenção e posvenção do suicídio (Pereira, 2022).

> A pessoa em tentativa de suicídio contraria todos os protocolos de atendimento comumente postos. Não se enquadra em acidente (embora às vezes se siga protocolos semelhantes); nem sempre está em surto; nem se enquadra em doença aguda; nem em doença crônica. É situação atípica, na maior parte das vezes permeada de violência, em que, em breves linhas, uma pessoa aparentemente saudável chega ao hospital ferida por ela própria, com objetivo de morrer. Frequentemente essa situação provoca diversos sentimentos por parte de quem atende e constitui ocasião premente cujo manejo e controles posteriores exigem novas metodologias de processo de trabalho, medidas de segurança imediata e acolhimento (Pereira, 2022, p. 40).

Como é claro no trecho acima, a atipicidade da emergência por tentativa de suicídio precisa de uma organização do serviço que mantenha a pessoa tentante fora de quaisquer comparações, e que reconheça que essa pessoa apresenta demandas sobre as quais a equipe tem que atuar como emergência ainda em curso, porque o risco para nova tentativa no hospital é alto, dada a frustração de não ter alcançado o óbito desejado.

Marquetti, em estudo publicado em 2014, se referia à subversão do suicídio, que sai da dimensão doméstica, restrita, íntima, e ganha o externo, por vezes exposto, contrariando todas as regras higiênicas dedicadas à morte no hospital.

Feijoo (2019) discute as divergências na maneira de ver o suicídio entre os profissionais de Psicologia. Alguns preferem a via da produção da mente pelo cérebro e suas nuances na gênese dos transtornos, e destes, com a desvinculação da vida. A partir dos dados epidemiológicos e estudos estatísticos, definem as técnicas de prevenção e atendimento. Outros consideram a morte por suicídio como uma decisão da pessoa, em liberdade de decidir por viver ou morrer, independentemente de haver políticas públicas ou não. Há os que percebem o suicídio como um produto das desigualdades sociais, pelo crescente alijamento de direitos essenciais das populações periféricas. Três formas de pensar sobre o suicídio que se contrapõem, mas também se completam e não necessariamente se excluem entre si.

A autora segue ponderando as impregnações técnicas e pouco humanizadas impostas sobre o suicídio: na medicina, a patologização; na justiça, por muito tempo foi crime previsto no código penal. Esquece-se da dimensão meramente humana da experiência de desvinculação da vida. É urgente que se descole da morte por suicídio quaisquer rótulos punitivos e se olhe para este fenômeno com a consciência da gravidade que tem (Feijoo, 2019). Considero importante informar que o suicídio não é considerado crime no Brasil, exceto a indução ao suicídio, segundo o artigo 122 do Código Penal: "Art. 122. Induzir ou instigar alguém a suicidar-se ou a praticar automutilação ou prestar-lhe auxílio material para que o faça" (BRASIL, 2019).

Em que pesem todos os passos dados em direção ao enfrentamento, ainda se oscila entre a culpabilização da pessoa que tentou ou morreu por suicídio e o apagamento das demandas de saúde mental. Por vezes, se insiste em aplicar modelos prontos ao invés de compreender que existem características que não se encaixam nos ditames epidemiológicos. Uma escuta acolhedora e segura, associada ao manejo clínico embasado ética e cientificamente, pode ajudar a pessoa a novamente se vincular à vida, longe de determinismos e predições estatísticas.

O fato é que existem pessoas que enfrentam tragédias pessoais e seguem vinculadas à vida, em esperança de que se recuperarão ou se adaptarão após as experiências. Mas há pessoas que sentem despertar a suicidalidade de maneira mais intensa, mais rápida, mais frequente do que outras. Em estudo sobre o conceito de suicidalidade, entendendo a suicidalidade como um atributo que em contraposição à vitalidade ataca a resiliência (Pereira, 2024), propus uma reflexão epistemológica que clareasse as controvérsias entre tendência suicida e suicidalidade:

> Portanto, propõe-se como ponto de vista epistemológico que a suicidalidade não é sinônimo de ideação suicida, mas sim um atributo inerente a todos os seres humanos, como se fosse uma antítese da vitalidade. Não a vitalidade quantificada pelo funcionamento fisiológico, nem por escalas como a Escala de Bem-Estar Subjetivo ou a Escala de Felicidade da Memorial University of Newfoundland (MUNSH). A vitalidade que resiste ao suicídio, compondo com ele uma unidade dialética, é dinamicamente graduada, ajustando-se sem deliberação consciente. Por outro lado, a manifestação de nossa suicidalidade é a maneira inata pela qual percebemos estar vivos e como nos imaginamos na morte (Pereira, 2024, p. 5).

A suicidalidade pode ser despertada em situações extremas como desastres, abusos sexuais na infância e adolescência, perdas de pessoas com quem se tem laços afetivos, mas também por transtornos mentais e dependência química não tratados. Nas duas possibilidades, o Estado tem a obrigação de oferecer equipamentos públicos de atendimento, independentemente da gravidade e da emergência em que a pessoa esteja mergulhada.

Para Feijoo (2019, p. 171),

> Na medicina, o suicídio é diagnosticado como um ato patológico. E na justiça, até pouco tempo, como crime. E como nós somos homens desse mundo, encontramo-nos totalmente tomados por essas determinações. Todo o nosso esforço no sentido de nos posicionarmos existencialmente acontece no sentido de acompanhar o fenômeno tal como ele se dá existencialmente, e, portanto, livre de qualquer julgamento.

Como quer Feijoo, é urgente descolar da morte por suicídio quaisquer rótulos punitivos e olhar para este fenômeno com a consciência da gravidade que tem. Considero importante informar que a indução ao suicídio constitui crime, segundo o artigo 122 do Código Penal: "Art. 122. Induzir ou instigar alguém a suicidar-se ou a praticar automutilação ou prestar-lhe auxílio material para que o faça" (BRASIL, 2019). Em que pesem todos os passos dados em direção ao enfrentamento, ainda oscilamos entre a culpabilização da pessoa que tentou ou morreu por suicídio e o apagamento das demandas de saúde mental, ao invés de compreender que a escuta acolhedora pode ajudar a pessoa a novamente se vincular à vida, longe de determinismos e predições estatísticas.

As diversas abordagens psicológicas reconhecidas estão postas para embasar técnica, ética e cientificamente os profissionais da Psicologia no desvelamento da suicidalidade da pessoa em atendimento e as possíveis saídas para reorientação das escolhas em direção à vida.

Depois de mais de seis décadas se organizando como profissão no Brasil, a Psicologia é neste período pós-pandêmico premida à necessidade de alterar a arquitetura de seus processos de trabalho na prática clínica, se voltar para a pessoa em crise suicida, em diferentes cenários, com escuta e acolhimento junto a sujeitos individuais e coletivos. Em alguns momentos há necessidade de fazer sessões/intervenções mais longas, incluindo familiares, reconhecendo os marcadores biológicos e psicossociais, seja na detecção precoce do comportamento suicida, dos sintomas de ideação, do manejo das crises, como também na promoção da vinculação à vida.

No que tange à posvenção, a assistência às pessoas enlutadas, elas próprias também estão em risco para suicídio, é um processo longo e complexo. O luto após um suicídio é atravessado por características inerentes à experiência sensível de cada pessoa, das dinâmicas da família, do acesso à informação.

Fukumitsu realizou uma pesquisa junto a nove pessoas que perderam pais e/ou mães por suicídio, objetivando compreender o processo do luto. Sua investigação demonstrou que a complexidade do luto após suicídio para as pessoas participantes da pesquisa inclui dialeticamente a culpa, autoacusação, insegurança, raiva, vergonha, isolamento e o silêncio,

> [...] falta de referências e de saber quem foi o pai/mãe que cometeu o suicídio, dificuldades de lembrar de partes da própria história, medo de reproduzir o suicídio do pai ou da mãe por transmissão intrapsíquica transgeracional (Fukumitsu, 2013, p. 223).

A contribuição de pesquisas como a realizada por Fukumitsu é trazer este perfil do luto, com especificidades profundamente analisadas à luz das diversas abordagens clínicas, em interlocução direta com a Psicologia Social, para constituição do arcabouço sobre o qual se pode propor políticas públicas de posvenção efetivas e viáveis.

O Conselho Federal de Psicologia através da Resolução CFP nº 04/2020 regulamentou a terapia através da Tecnologia da Informação e da Comunicação. Novas metodologias, refinamento de abordagens e ampliação dos espaços de atuação são respostas às consequências que a pandemia trouxe para a sociedade em constante sofrimento. O que se espera é a inserção significativa da Psicóloga(o) na rede pública, em todos os níveis de atenção, notadamente na atenção primária, de modo a se tornar rotineira a assistência psicológica nas unidades básicas e de saúde da família de todos os municípios, em escalas de serviço dentro dos padrões exigidos pelo Conselho Federal de Psicologia e de acordo com as demandas locais.

Enquanto essa transformação urgente e necessária não acontece, a sociedade tenta construir suas próprias soluções, como sempre foi ao longo da história. Assiste-se a cada dia o surgimento de grupos de acolhimento de pessoas em sofrimento, em igrejas, centros espíritas, organizações filosóficas, escolas e universidades, como resposta da sociedade aos crescentes números de tentativas e óbitos, como também do enquadre da depressão entre as doenças mais incapacitantes do século XXI e da delicadeza de seu diagnóstico diferencial entre outras entidades nosológicas.

O avanço da tecnologia não trouxe consigo a resolução dos problemas de saúde que mais afligem a população, alguns dos quais antes considerados erradicados, ressurgem impactando os perfis epidemiológicos. A melancolia e o "banzo" de outrora agora vêm enquadrados nas taxonomias médicas e psicológicas como depressão e se configura como a doença mais incapacitante a ameaçar a população mundial nos próximos anos, como diz a OMS.

O medo do vírus somado à comunicação mais rápida firmou a virtualidade como opção para não perder o emprego, para escapar da violência das cidades e superar distâncias geográficas, mas também prolongou a jornada de trabalho, que agora não mais se encerra à saída do setor no final do expediente, prolonga-se nos horários de folga, pelos *e-mails*, formulários *online, chats* e demais ferramentas. Obrigou trabalhadoras(es) a adquirir equipamentos de tecnologias mais avançadas, ampliar redes sem fio domésticas, reordenar espaços em sua residência para realizar o trabalho em casa, onerando nas contas de energia, internet, entre outras.

Novas formas de ludibriar a boa-fé se manifestam nos crimes cibernéticos. Aguça-se a angústia e solidão em meio a tantas formas de se comunicar, experimenta-se a frustração de ver a ostentação de felicidade cuidadosamente elaborada nas redes sociais em comparação com a vida real da maioria da população.

Modelos inalcançáveis de sucesso e realização embalados na ideia de que a felicidade só depende de cada um, individualmente, quando na verdade estamos em sociedade marcada por milhões de pessoas vivendo abaixo da linha da pobreza sob um Estado omisso de muitas formas. Vive-se em 2025 o que Halbwachs já dizia em 1930, de modo um tanto reducionista: "A solidão sem saída está no centro de todos os suicídios" (Minois, 2007, p. 397).

Pessoas e suicídios

Homens e mulheres escravizadas, LGBT+, mulheres corajosas e ousadas para sua época, políticos acuados e/ou desiludidos, pessoas de etnias originárias culturalmente constituídas com o suicídio estão aqui descritas e inseridas na reflexão histórico-crítica do suicídio, ora na condição de corpos resistentes à dominação, reagentes às violências, ora como corpos em profundo sofrimento e em tempos sem saídas visíveis.

Pessoas negras e originárias e suas mortes apagadas

Muito antes do "Efeito Werther" do século XVIII, no Brasil Colônia (1530 a 1822) pessoas negras escravizadas se matavam, enquanto as Teorias da Psiquiatria estavam ainda em elaboração. E embora este fenômeno de mortes autoprovocadas por pessoas escravizadas não tenha sido objeto de estudos, é possível encontrar na historiografia relatos documentais de viagens e expedições em que suicídios de pessoas escravizadas eram mencionados de forma ligeira, quando se queria, por exemplo, registrar o nascimento dos quilombos, descrição de senzalas, relatos de fugas. Os jornais da época não divulgavam os casos em sua totalidade, possivelmente para não expor as situações de sofrimento, violência e humilhações às quais os escravizados eram permanentemente submetidos, e, com isso, fornecer argumentos para os movimentos abolicionistas da época, que se dedicavam a expor as condições miseráveis dos escravizados para arregimentar mais adeptos à causa (Oliveira, Oda, 2008).

Sigaud (2008) fez referência a suicídios através de autoasfixia curiosamente proveniente da deglutição da própria língua (narrativa sem comprovação científica) entre os escravizados, enforcamento, ingestão de venenos vegetais fornecidos por negras idosas que com estigma de curandeiras lhes ensinavam a como fazer o uso. Também se refere ao ato de comer terra como sintoma de caquexia africana, bem como à vigilância a que eram submetidos pelos comandantes para evitar fugas e suicídios.

Em *Casa-Grande e Senzala*, se encontra o suicídio de negros escravizados pela ingestão de terra por dias seguidos (Freyre, 1987). Os meios mais utilizados segundo jornais da época eram: por enforcamento, afogamento, uso de arma branca, seja simplesmente se recusando a comer, por um estado mental que ficou conhecido como "banzo" (Oliveira, Oda, 2008).

Percebe-se que o suicídio se interpõe ao interesse de figuras de autoridade desde a antiguidade. Sofrimento, desespero e ato de morte como saída em contraposição à norma estabelecida, à opressão, privação de liberdade, violência e flagelo. Aos poucos, percebe-se nas evidências históricas que a produção do suicídio vai saindo de um contexto local para um ampliado.

E quanto às estratégias de enfrentamento social do desfecho, na leitura das obras se percebe o movimento do suicídio vindo de um problema restrito ao grupo familiar ou da relação senhor-escravizado, superior-soldado, marido-mulher, para passar a impactar socialmente, principalmente pela via econômica, no caso dos escravos, da luta pelo poder, no caso dos soldados romanos, nas difíceis relações sociais de gênero, como no caso das mulheres catalogadas no estudo de Peuchet.

Uma entidade caracterizada pela tristeza, falta de disposição, uma saudade de casa identificada em soldados componentes de tropas de guerra e em escravos, documentada em fins do século XVIII como melancolia, foi associada ao adoecimento físico, mental e à morte autoprovocada (Oda, 2008). A melancolia foi também chamada de banzo, uma tradução nunca totalmente esclarecida se é de língua africana ou de língua portuguesa.

Sobre o banzo, o estudo sobre doenças observáveis e as características das pessoas indígenas (chamadas por ele de "brasis"), de Carl

Friedrich Philipp von Martius, botânico que esteve no Brasil entre 1817 e 1820, traz um importante paralelo etnográfico entre os indígenas e os negros. Embora seu objetivo fosse observar as pessoas indígenas e as classificar enquanto temperamento e compleição física, doenças e tratamentos, também se dedicou a descrever pessoas escravizadas, as quais classificou como opostas em temperamento e atitude em relação às pessoas indígenas, sendo estas últimas frias, pusilânimes, portadoras de sistema nervoso inerte apesar de corpo físico forte. Ao escrever sobre as pessoas negras escravizadas, von Martius se referiu ao "banzo", que definiu como nostalgia mórbida, causada pela perda da liberdade, levando-as a expressar seus sentimentos de forma mais aparente. Também se referiu à capacidade de pessoas escravizadas de permanecerem melancólicas por mais tempo (Oda, 2008).

A visão de Martius, como bávaro, era considerada por muitos autores como eurocentrista. O eurocentrismo se constituía no século XVI, e a partir dessa perspectiva "o outro" (sem religião certa, sem escrita, sem história, sem desenvolvimento, sem democracia) foi visto como atrasado em relação à Europa, mais desenvolvida e, portanto, superior (Bernardino Costa, Grosfoguel, 2016, p. 17). Sendo assim, homens e mulheres indígenas e negros e negras escravizadas eram descritos como corpos sem alma, feitos para a submissão, em que pesem as características antropológicas que produziam comportamentos distintos listadas por Martius em seus relatos.

O "banzo" permaneceu em estreita ligação com a situação da pessoa escravizada nos relatos de viagens e na literatura médica, como um adoecimento, registrado em relatos de viagens até por volta de 1850, época em que se deu o fim do comércio escravagista entre a África e Brasil, o que, supostamente, provocou o desaparecimento dos registros sobre o assunto (Oda, 2008).

Quadro 2 - Meios letais utilizados e os motivos mais frequentes para suicídios entre escravizados no Brasil Colônia mais citados nas obras consultadas

Meios	Motivos
Ingestão de terra	Medo do açoite
Enforcamento	Saudades de parentes vendidos
Esfaqueamento	Medo de ser vendido a outro dono
Envenenamento com ervas	Banzo
Salto dos batelões para cachoeiras	Prisão
Recusa de alimentação	Cometimento de crimes
Salto em poço	

Fonte: elaborado pela autora com base nas obras citadas.

Quanto aos motivos para os suicídios de pessoas negras registrados em diários de viajantes e na imprensa da época, estão o desespero após serem recapturadas pelos feitores, o que era sempre seguido de açoites e castigos violentos; resistência a serem vendidas a outros proprietários; frustração pela separação de parentes vendidos; prisão e homicídios (Goulart, 1972; Oliveira, Oda, 2008). Ferreira aponta outro motivo para as mortes por suicídio, a ilusão de retornar à África: "[...] a teoria do retorno afirmava que a intenção dos escravos ao cometer suicídio era voltar a sua terra natal através da *Kalunga*, o mar-oceano" (2009, p. 14).

A vida sem liberdade como animais, comida escassa (a menos que a roubassem), o trabalho exaustivo sem descanso nem remuneração, sem direitos reconhecidos, a humilhação por força física em constantes castigos, a saudade de casa, as separações das famílias... todos esses sofrimentos traziam os homens e mulheres escravizadas para o suicídio, ora sucumbindo à tristeza, medo, desamparo, ora como gesto de protesto e busca de paz em outro mundo (Oliveira, Oda, 2008).

Autores como Goulart (1972) afirmam que os jornais da época do Brasil Colônia não divulgavam suicídios entre as pessoas escravizadas. É fácil inferir que, sendo as pessoas escravizadas vistas pela lógica colonizadora como não sujeitos, não rendessem manchetes. Por outro giro, nas obras analisadas há consenso de que a pouca visibilidade de dados sobre os suicídios de homens e mulheres escravizadas nos tempos coloniais talvez fosse para não estimular o suicídio entre os demais escravizados e não levantar suspeitas de falência do modelo escravagista, significando um desafio à sociedade conservadora da época.

Entre as pessoas indígenas o suicídio segue como problema de saúde pública mais grave. Em 2022, segundo dados do Relatório de Violência contra Povos Indígenas do CIMI, foram registrados 115 suicídios, sendo em seu maior número nos estados do Amazonas, Mato Grosso do Sul e Roraima, dando-se em sua maioria entre 20 e 59 anos, no gênero masculino (CIMI, 2022). Êxodo das/dos jovens das aldeias em busca de outras oportunidades de ganhos e escolaridade nas cidades, discriminação, violências, dependência de álcool e outras drogas estão entre os fatores identificados como constituintes dos sofrimentos vivenciados.

O suicídio mais conhecido e estudado nos séculos XIX e XX por antropólogos e indigenistas foi o praticado entre os membros da etnia *Suruwahá*, localizada nas terras firmes entre os igarapés Riozinho e Coxodoá, conhecida como a que mais morre por suicídio. Povo de língua Arawa do médio Purus, no estado do Amazonas, os *Suruwahá* viveram isolados até os anos 1970, quando foram contatados pela OPAN (Operação Amazonia Nativa), CIMI (Conselho Indigenista Missionário) e em 1983 foram contatados pela Funai (Dal Poz Neto, 2000; Instituto Socioambiental, 2018).

Segundo reportagem publicada pela agência de notícias BBC News Brasil, em 2020 houve uma tentativa de expedição às terras Zuruahã, organizada pela Secretaria Especial de Saúde Indígena (SESAI), com equipe interministerial dos Ministérios da Saúde e da Mulher, Família e Direitos Humanos, com finalidade de "avaliação e monitoramento de saúde mental" (Fellet, 11 de fevereiro de 2020). Após denúncia do Ministério Público Federal, a expedição foi cancelada.

Ao ler a notícia da ida da comissão, me veio à memória o que diz Fanon em *Os Condenados da Terra*:

> O indígena é declarado impermeável à ética, ausência de valores, como também negação dos valores. É, ousemos confessá-lo, o inimigo dos valores. Neste sentido, é o mal absoluto. Elemento corrosivo, que destrói tudo o que dele se aproxima, elemento deformador, que desfigura tudo o que se refere à estética ou à moral, depositário de forças maléficas, instrumento inconsciente e irrecuperável de forças cegas (Fanon, 1968, p. 31).

Avaliação e monitoramento da saúde mental sob quais critérios? A visão colonizadora e etnocêntrica sempre contribuiu para o pouco avanço da compreensão do suicídio como fenômeno complexo. Neste caso, em particular, é fundamental que se entenda etnograficamente, ou seja, a partir da lógica interna que o campo apresenta ao pesquisador. Não há indícios suficientes para se concluir que os *Suruwahá* são violentos ou autodestrutivos (Souza, Santos, 2009), tampouco que tenham problemas mentais; ou, em última instância, que tenham pedido ajuda para alguma instituição religiosa.

Quaisquer tentativas de abordar a questão do suicídio entre os *Suruwahá* nos levariam mais à escuta do que à ação, compreender significados de vida e morte, conforme recomendação de indigenistas e antropóloga(o)s experientes. Para Dal Poz Neto, por acreditarem que a vida só teria sentido em direção ao suicídio, altercações cotidianas entre crianças, ou adultos, e traições podem ensejar o consumo do *konaha* (timbó, muito utilizado para envenenar peixes) ou altas doses de rapé, hábito também frequente:

> Da mesma forma, uma mãe insistirá com o próprio filho para tomar konaha, como desagravo às acusações de adultério que o atingem. Ou, então, ironicamente, recomenda-se esta solução à forasteira irritada com o sumiço do seu isqueiro. E até mesmo um homem, insatisfeito com sua aparência física, chegará a aventar a falta dos dentes frontais como pretexto para suicidar-se (Dal Poz, 2000, p. 116).

A vida para os *Suruwahá* se complementa com a entrada na "outra vida", onde não se envelhece e se vive em plena felicidade, apenas possível pela porta do suicídio. Aos que morrem por velhice resta o vagar pelo mundo:

> Assim, as pessoas mais idosas, vítimas de zombaria por parte de crianças e adolescentes por não terem ingerido o timbó, tornam-se caladas e distantes, sabedoras que, ao não seguirem o costume, excluíram-se da possibilidade do reencontro com aqueles que já se foram (Souza, Santos, 2009, p. 15).

Essa crença da troca da vida física pela vida no além encontra-se cercada de benesses em muitas culturas, em muitos tempos e lugares. É possível que, subjacente a esta prática, esteja a representação de consolo atávico para uma vida que nem sempre se mostra fácil.

A morte por ingestão do *konaha* segue roteiro ritualístico, que compreende alguns cuidados com a pessoa que ingeriu o veneno, até que o óbito se instale. O ritual é descrito por Souza e Santos (2009) como profundamente inserido no modo de vida dos *Suruwahá* sendo as crianças desde cedo apresentadas a este (Souza, Santos, 2009).

Os rituais constituem elementos identitários presentes à organização das famílias, no caso dos *Suruwahá* de uma forma dialética, em que o contato com o sobrenatural é mediado por uma inserção na floresta e seus recursos, para manipulação de elementos da natureza, como o veneno do cipó para a pesca e para a própria morte. Fanon se refere aos mitos e magias como uma forma de integração nas tradições e na história da tribo, ao mesmo tempo que tranquiliza e confere aos componentes daquela sociedade "um estatuto, um certificado de estado civil" (1968, p. 42).

E mesmo assim, os pesquisadores Souza e Santos (2009) registraram momentos de muita comoção e pesar na aldeia após muitas mortes num mesmo dia. Ou seja, sentimentos e emoções ante a perda também se fazem presentes, demonstrando o reconhecimento da morte como definitiva, embora revestidos de outros significados, os quais só as pessoas *Suruwahá* conhecem.

Pessoas das artes

As artes em geral sempre foram indicadores dos sistemas éticos e normativos das sociedades através dos tempos. Suicídios retratados romanticamente como saídas para amores perdidos, igual ao de Romeu e Julieta, ou impossíveis por serem transgressores, como o de Jocasta em *Édipo*.

Goethe lançou *Os sofrimentos do jovem Werther*, no ano de 1774, em que descrevia as dificuldades emocionais do personagem principal ante a perda de sua amada para outro homem. Autoridades da época proibiram a venda da obra após terem acontecido algumas dezenas de suicídios semelhantes ao descrito no livro.

Dois séculos depois, em 1974, o fenômeno foi chamado de "Efeito Werther" e trouxe à baila a discussão sobre a influência ou não da arte sobre o comportamento social, notadamente em relação ao suicídio.

Muito mais impactante do que a dramática narrativa de Goethe foi a obra *Eutanásia: a estética do suicídio*, de James Harden-Hickey, a qual constava de descrições precisas e convidativas de formas de suicídio, incluindo ilustrações e instruções. Harden-Hickey morreu por suicídio através de uma das técnicas que ensinava (Harden-Hickey, 1894).

Outra obra que chamou a atenção foi "O Clube dos Suicidas", de Robert Louis Stevenson, publicada em 1878. A história se passa na Inglaterra Vitoriana, onde homens que desejavam se suicidar frequentavam um clube secreto em que ocorriam mortes (Stevenson, 2010).

Em 1890 na obra *O Cortiço*, Aluísio de Azevedo narra a vida do Brasil Colônia, retratando com detalhes assustadores o suicídio da personagem Bertoleza, escrava (descrita pelo autor como cafuza) ludibriada e explorada pelo personagem principal, João Romão, que lhe prometera liberdade e vida digna (Azevedo, 2005).

Kierkegaard no século XIX publicou seu "Salto de fé", em que diante da absurdez da vida, o ser humano constata a finitude e parte para se refazer diante da realidade vivida ou sucumbir ao sofrimento niilista. Para Kierkegaard,

> A fé é justamente a contradição entre a paixão infinita da interioridade e a incerteza objetiva. Se posso apreender objetivamente a Deus, então eu não creio; mas justamente porque eu não posso fazê-lo, por isso tenho de crer; e se eu quero manter-me na fé, tenho de constantemente cuidar de perseverar na incerteza objetiva, de modo que, na incerteza objetiva, eu estou sobre "70.000 mil braças de água, e, contudo, creio" (Kierkegaard, 2013, p. 105).

Kierkegaard apresenta uma fé que "silencia porque não encontra respostas racionais para os dilemas e contradições da existência" (Marques, 2016, p. 210).

Albert Camus, com seu *O Mito de Sísifo*, apresenta um conceito próprio de absurdo, diferente dos argumentos de Kierkegaard. Descreve o absurdo da vida como produto da relação entre o ser humano e o universo, marcada pela espera de que o universo apresente clareza, sentido, unidade. O absurdo, então, surge da "resistência" do universo às expectativas humanas, do estranhamento ante tudo o que outrora lhe parecia dotado de sentido. Para escapar do absurdo haveria algumas alternativas, como a curiosa classificação que apresenta do suicídio, como o suicídio pessoal enquanto a morte de si mesmo. O suicídio político, que aconteceria ao imaginar que a utopia traria as soluções para o absurdo da vida. Situando o suicídio como uma das alternativas para escapar do absurdo da existência, sendo a outra a revolta, a transformação do que está em torno do indivíduo.

Publicado em meio a Segunda Guerra Mundial, a obra situa o suicídio como o único problema filosófico "realmente sério" e propõe a discussão novamente para as questões individuais, em contrário aos avanços sobre o suicídio no âmbito social: "O verme se acha no coração do homem. É ali que é preciso procurá-lo. É preciso seguir e compreender esse jogo mortal que arrasta a lucidez em face da existência à evasão para fora da luz" (Camus, 1989, p. 16). Camus situa a questão do sentido da vida como valor ético sobre o qual não se deve fazer apelação à fé, porque ao absurdo da existência não se pode escapar, mas empreender um viver que nasce do esgotamento de todas as alternativas, incluindo a da morte autoprovocada.

Sem querer comprometer a compreensão das duas obras, consegue-se encontrar ideia semelhante na obra *A Condição Humana*, publicada em 1958, na qual Arendt propõe que não foi o mundo que se afastou da humanidade, mas a humanidade que se afastou do mundo, produzindo estranhamentos ao mundo, ao qual se chega proveniente de lugar nenhum. Traz uma proposição metafórica de deserto como o "fim de tudo entre nós", algo externo a nós, e que o perigo se instala quando nos adaptamos ao deserto e sua aridez, perdendo a força da paixão e da ação. Sendo o oásis, representado pela arte e pela filosofia, o que nos protege de sermos absorvidos pelo deserto (Arendt, 2007).

Em meio à luta contra os seus "absurdos" e "desertos", muitos artistas se despediram da vida. Em 1905, a conhecida escritora inglesa Virginia Woolf tentou se matar pela primeira vez, se atirando pela janela, em meio ao luto pela morte do pai. Em 1913, tentou novamente, ingerindo comprimidos. Woolf era ligada ao pensamento feminista de sua época, tendo se encontrado com Katherine Mansfield e Charlotte Brontë. Em 1941, atormentada pelo Transtorno de Humor Bipolar, entrou na água do Rio Ouse com os bolsos do casaco cheios de pedras e seu corpo foi encontrado dias depois (Alverne, Fontenelle, 2018).

Sylvia Plath, escritora norte-americana, após diversas tentativas, histórico de internação hospitalar, eletroconvulsoterapia, às voltas com a depressão, abandonada pelo marido, após muitas traições, morreu por suicídio inalando gás do forno de sua casa, nos Estados Unidos, em 1963 (Marmelo, 2010).

Anne Sexton, também norte-americana, ganhadora do prêmio Pulitzer em 1967, após uma tentativa anterior, morreu inalando gás carbônico proveniente do escapamento de um carro na sua garagem, na década de 1970 (Middlebrooks, 1991).

Ernest Hemingway, vencedor de um Pulitzer em 1953 com a obra *O Velho e o Mar* e do Prêmio Nobel de Literatura em 1954, sete anos depois, em 1961, trancou-se na adega de sua casa, onde se suicidou. Seu pai também morrera por suicídio. Hemingway enfrentava depressão ante traumas emocionais antigos, dificuldade de se relacionar e viver com um gênero "ambíguo" e incertezas quanto à própria sexualidade, que teriam se somado a outros sofrimentos (Dearborn, 2017).

Camilo Castelo Branco, escritor português, suicidou-se em 1890. Gilles Deleuze suicidou-se após um período longo de doença pulmonar. No Brasil, Raul Pompeia suicidou-se aos 32 anos, no século XIX; Ana Cristina Cesar, em 1983; Pedro Nava, memorialista, em 1995; Torquato Neto, jornalista, compositor, após várias tentativas, morreu por suicídio no ano de 1972. Antonio Cicero, poeta, recorreu ao suicídio assistido fora do país em 2024.

A aura romântica atribuída à morte dos artistas escondia quadros depressivos, transtornos de humor, transtornos mentais graves não tratados, como se fosse próprio da sensibilidade para a arte o desapego à vida.

O ensaio *Luto e Melancolia* de Freud contribui para desconstruir esta representação, ao situar a melancolia como entidade nosológica diferente das psicoses propostas por Kraepelin.

Pessoas políticas

No século XX há registros de suicídios de diversos chefes de Estado, como Germán Becerra, presidente da Bolívia, em 1939; Pál Teleki, primeiro-ministro da Hungria, em 1941; Alexandros Korizis, primeiro-ministro da Grécia, também em 1941; Hitler e Goebbels em 1945.

No Brasil, durante o ano de 1954, o suicídio do então presidente da República Getúlio Vargas causou grande comoção em todo o país. Em seu segundo governo, após ser deposto em 1945, enfrentava forte oposição e ante a possibilidade de nova deposição, morreu por suicídio, com um disparo de arma de fogo (Brandi, 1983). Em carta deixada, Vargas impõe sua morte como ato de coragem, pede para ser lembrado assim heroicamente, embora em suas palavras se perceba traços de desamparo e desesperança frequentemente presentes em cartas de suicidados:

> Escolho este meio de estar sempre convosco. E aos que pensam que me derrotaram respondo com a minha vitória. Era escravo do povo e hoje me liberto para a vida eterna. Mas esse povo de quem fui escravo não mais será escravo de ninguém. Meu sacrifício ficará para sempre

> em sua alma e meu sangue será o preço de seu resgate. Lutei contra a espoliação do Brasil. Lutei contra a espoliação do povo. Tenho lutado de peito aberto. O ódio, as infâmias, a calúnia não abateram meu ânimo. Eu vos dei a minha vida. Agora vos ofereço a minha morte. Nada receio. Serenamente dou o primeiro passo no caminho da eternidade e saio da vida para entrar na história (Lira Neto, 2014, p. 348).

Em que pese alguma discussão sobre ter ou não havido alteração na carta divulgada pela rádio na época, historiadores reconhecem que a comoção causada pela carta de despedida, o trágico impregnado nas palavras, somada à efervescência social e política, tornaram o suicídio de Vargas um marco histórico do país (Carvalho, 1994).

Salvador Allende, presidente do Chile, faleceu durante o golpe de Estado liderado por Pinochet, a quem considerava um amigo, em 11 de setembro de 1973. As controvérsias acerca de sua morte, se havia sido assassinato ou suicídio, foram dirimidas após os relatos de testemunhas que presenciaram sua morte por suicídio (UNISINOS, 2023).

Em 1987, Robert Budd Dwyer, político norte-americano, morreu por suicídio em meio a uma entrevista coletiva transmitida ao vivo. Dwyer era acusado de corrupção no período em que trabalhara no Tesouro Nacional e estaria condenado a 55 anos de reclusão. Alegando inocência, recusou acordos de colaboração premiada oferecidos e planejou sua morte, que teve repercussão mundial (Redação UOL, 2020). Em 2019, Alan García, ex-presidente do Peru, morreu por suicídio ao ter sua prisão decretada por suposto envolvimento em corrupção (BBC News Brasil, 2019).

Em 1993 e 2000, respectivamente, o ex-primeiro-ministro da França, Pierre Bérégovoy, e o ex-primeiro-ministro da Síria, Mahmoud Al-Zoubi, morreram por suicídio supostamente por estarem enfrentando acusações de crimes de corrupção.

São inúmeros os casos de pessoas ocupantes de cargos eletivos, seja por regimes democráticos ou não, que morreram por suicídio. Em que pese a dificuldade de se definir uma causa única, ante a complexidade de cada morte autoprovocada, percebe-se que fugir de uma pena de morte, ou prisão perpétua, ou longos anos de cadeia, parece se assemelhar à morte em defesa da honra, possivelmente como o rótulo mais aceito socialmente para categorizar essas mortes. Morrer para não ver sua honra ultrajada, como os reis, os samurais, os militares derrotados, é uma categoria de suicídio que fulgura em muitos tempos, contextos e pessoas como única saída, inevitável e dotada de sentido.

Mulheres

O que me chamou a atenção em relação a algumas mulheres suicidadas registradas nos artigos examinados foi exatamente a coragem, a visão estratégica em meio ao desespero, ao desejo de liberdade para escolher. No Brasil Colônia, mulheres escravizadas, aterrorizadas ante o risco de ter seus filhos pequenos e maridos vendidos para outros senhores, se recusavam a trabalhar, ameaçavam se suicidar, matar os próprios filhos, envenenar os seus donos (Paixão, Gomes, 2008), e, com estas medidas, algumas conseguiam se manter com sua família, apesar da vida escravizada.

A história de Antônia Alves Feitosa, conhecida como Jovita, nordestina que se fingiu de homem para se alistar no exército a fim de ir para a Guerra do Paraguai, é contada na obra *Jovita Alves Feitosa: Voluntária da Pátria, voluntária da Morte*, do sociólogo e historiador José Murilo de Carvalho. Reunindo registros fotográficos de jornais da época, o autor reconstruiu a trajetória de Jovita no século IX. Apesar de um desfecho triste, a narrativa é uma demonstração da força e da luta perante a opressão de uma sociedade conservadora. Aos 17 anos, de cabelos cortados à faca e vestida como homem, Jovita foi ao Rio de Janeiro onde se apresentou ao Exército. Passou alguns dias junto com o Corpo dos Voluntários da Pátria, quando foi descoberta e denunciada por ser mulher. Mesmo assim, seu alistamento foi permitido e com grande repercussão social, lhe rendendo alguma celebridade, com homenagens nas manchetes de jornais, presentes e seu nome e sua história sendo contadas em um espetáculo teatral.

Após chegar ao sul do país, Jovita foi informada de que o Ministério da Guerra indeferira seu alistamento, facultando-lhe um lugar como enfermeira, o que foi recusado por Jovita. Após toda celeuma social que o seu ato vanguardista havia provocado, sozinha em terra estranha e abandonada pela família, precisou se prostituir para garantir seu sustento, até que conheceu um engenheiro inglês, com quem se relacionou por alguns meses. Após a partida repentina do companheiro para a Inglaterra sem que lhe tenha convidado, Jovita teria se matado no quarto dele, sendo encontrada morta pela escrava da casa, com um bilhete no bolso do vestido (Carvalho, 2019).

Para o autor, é possível que a desilusão amorosa tenha sido apenas a "gota d'água" em toda a torrente de emoções, vexames, rejeições a que uma jovem de 19 anos no século XIX estava submetida. Imagino que nem ela deve ter se dado conta de toda coragem que havia demonstrado e como seu enfrentamento da barreira de gênero seria marcante para a história da mulher.

O suicídio foi por muito tempo considerado um ato predominantemente masculino. Acreditava-se que o homem teria mais força física e coragem para se matar, utilizando meios letais como saltos de grandes alturas, tiros, enforcamento, enquanto as mulheres utilizariam meios que proporcionariam tempo para serem salvas, dando a entender que não estariam realmente decididas pela morte de si. É possível que aquilo que foi interpretado como tentativas, não o tenham sido de fato, mas autolesão, feita de forma mais ou menos deliberada, com objetivo de ter chance de ser ouvida, ser respeitada em decisões individuais, ou impor suas vontades. Mais uma vez enveredamos pela subjetividade da intencionalidade, eterna variável nas questões do suicídio.

A esta interpretação dos dados estatísticos dos suicídios consumados e das tentativas, foi atribuída a denominação "paradoxo de gênero" por Canetto e Sakinofsky, em um estudo publicado em 1998, que trouxe grandes contribuições para a Suicidologia atual. Segundo as autoras, nos países em que a disparidade entre o comportamento suicida por parte de mulheres e de homens é grande, isto se deve à descrição de comportamento suicida estabelecida nos países estudados, como sendo "de homens" e "de mulheres".

Esta discussão iria muito mais longe se existissem dados claros sobre os suicídios de mulheres nos séculos passados, mas o que se consegue é algum registro aqui e ali. O ensaio de Marx a partir dos relatos de Peuchet é uma das maiores, senão a maior sistematização de dados sobre suicídios femininos publicada no século XIX. O cuidado com os detalhes possíveis das condições de vida das suicidadas, como abortamentos, violências conjugais e direitos sexuais da mulher, trouxe ao registro de Peuchet a possibilidade de discutir relações sociais de gênero e suicídio.

Baére e Zanello (2018) criticam as falhas nas fichas de notificações das tentativas e de mortes por suicídio, por não conterem maiores informações que possam instruir as discussões sobre as relações de gênero e suicídio. Para Kilomba (2019), no que se refere à mulher negra há um isolamento violento que reduz e ignora sua subjetividade, invisibilizando-a. Assim, a autora associa o racismo, o isolamento e o apagamento da identidade ao suicídio de mulheres, sobretudo as negras.

Segundo estudo publicado pelo observatório do Terceiro Setor, no ano de 2021 ocorreram 22.372 suicídios de mulheres donas de casa na Índia. Além de todas as mortes ritualizadas no *sati,* as mulheres indianas ainda impactam as estatísticas dos suicídios. Como fatores desencadeantes está a violência doméstica após casamento na adolescência. Entre as mais velhas, a solidão após a saída dos filhos de casa e o serviço doméstico desgastante (Observatório do Terceiro Setor, 2022).

O que se vê é que os determinantes sociais presentes na vida da mulher ao longo da história nem sempre são vistos e levados em conta na discussão sobre saúde mental e por consequência na discussão sobre suicídio.

Pessoas LGBT+

Os dados obtidos pelas associações de garantia de direitos para a população LGBT+, formada por pessoas Lésbicas, Gays, Bissexuais, Transexuais, Queers, Intersexos, Assexuadas (o sinal de adição engloba todas as demais denominações que vierem a surgir, de modo que todas as pessoas se sintam acolhidas), dão conta de que esta é a população que mais sofre violências, sobretudo nos casos em que se cruzam vulnerabilidades, como morar em periferia e ser uma pessoa negra.

Todavia, as expressões de gênero e sexuais, diferentes das que são socialmente ditadas, nem sempre foram objeto da aversão da sociedade. Os estudos de Torrão Filho (2000) trazem um apanhado da homossexualidade ao longo da história com achados interessantes. O autor conta que na Grécia Antiga homens eram incentivados a constituir envolvimentos sexuais e afetivos com outros homens do mesmo exército, como forma de maior fidelização aos ideais da tropa.

Tebas mantinha o "Batalhão Sagrado de Tebas", com 150 casais homoafetivos, selecionados por Górgidas a partir de critérios de merecimento, independente de casta social. Cada casal era composto por um *Erastes,* que era o homem mais velho, e um *Eromenos,* o mais jovem (Ludwig, 2002).

Ao contrário do suicídio, que está narrado na Bíblia em diversas passagens, mas não se encontra nenhuma condenação sobre ele, para Feitosa (2010), a homossexualidade nos textos bíblicos foi interpretada de maneira condenatória, como a narrativa de Sodoma e Gomorra encontrada em Gênesis (19, 1-11), a qual causou uma verdadeira tragédia na vida de milhares de pessoas.

Há teólogos que sustentam que Jesus também se refere ao pecado de Sodoma como falta da hospitalidade: "Se alguém não os receber nem ouvir suas palavras, sacudam a poeira dos pés quando saírem daquela casa ou cidade. Eu lhes digo a verdade, no dia do juízo haverá menor rigor para Sodoma e Gomorra do que para aquela cidade" (Mateus 10,14-15); "Quando entrarem numa cidade e não forem bem recebidos, saiam por suas ruas e digam: até o pó da sua cidade, que se apegou aos nossos pés, sacudimos contra vocês. Fiquem certos disto, o Reino de Deus está próximo. Eu lhes digo: Naquele dia haverá mais tolerância para Sodoma do que para aquela cidade" (Lucas 10,10-12). A partir do século II o *pecado de Sodoma* passa a ser interpretado como *ato homossexual*. Seu pecado consistia em não levar à procriação da espécie (São João Crisóstomo).

A partir do século XII, tal como o suicídio, o ato homossexual foi considerado crime passível de pena de morte. Condenada e criminalizada pela Igreja e pelo Estado, a relação entre pessoas do mesmo sexo era chamada de "sodomia". Na Inquisição foram perseguidos, torturados e eliminados centenas de pessoas suspeitas de comportamentos homossexuais (Vainfas, 1997).

Homossexualidade é um neologismo criado no século XIX pelo neuropsiquiatra alemão Richard von Krafft-Ebing, no livro *Psychopathia Sexualis*, formando um hibridismo do grego *homós* com o latino *sexuālis*. Mas a interpretação equivocada do relato de Sodoma influenciará a visão negativa e condenatória da homossexualidade, ainda que não haja qualquer referência a essa orientação afetivo-sexual (Pereira, 2009).

Assim como as pessoas negras e originárias, rainhas e líderes nos seus países, foram trazidas escravizadas na colonização da América, as pessoas lésbicas, gays, travestis, transexuais, não-bináries, entre outras particularidades, passaram de admiradas e estimuladas no mundo antigo a proscritas em algumas sociedades na Idade Média e seguem em defesa do direito de ser livres, até os dias atuais.

Segundo informações do Grupo Gay da Bahia, o mais antigo coletivo de luta pelos direitos da população LGBT+ do Brasil, 257 pessoas (127 travestis e transgêneros, 118 gays, nove lésbicas e três bissexuais) morreram violentamente no ano de 2023 (Agência Brasil, 2024). Os números podem estar subnotificados, uma vez que há dificuldades para as notificações. As mortes se dão ora em forma de homicídios, ora em forma de suicídios, os quais, a um exame acurado, seriam facilmente reclassificados como induzidos e/ou como assassinatos.

Para Navasconi (2018, p. 58):

> Portanto, podemos afirmar que o Estado Brasileiro é eficaz em matar, exterminar e aniquilar vidas negras, aliás, muitas pessoas acreditam que quanto mais corpos dissidentes, abjetos, negros/as, LGBTTIs, Deficientes, Indígenas e Ciganos/as forem eliminados, maior é o desenvolvimento e mais "harmônico" será o convívio em sociedade.

Mesmo que se pudesse discutir sob qual conceito de Estado o autor trabalha, é fácil verificar que os números de mortes por causas externas (assim como o suicídio) entre essas populações crescem minuto a minuto.

Como disse Judith Butler, há sujeitos que não são reconhecidos como sujeitos, vidas que não são reconhecidas como vidas (2015). Essa afirmação é profundamente dolorosa e, em minha opinião, descreve os permanentes pontos de tensão que cercam a vida das pessoas que não se contam entre os gêneros historicamente constituídos como recomendáveis, reconhecidos e aprovados.

Vejo uma sociedade cindida em partes: parte luta para que as pessoas dissidentes do sistema tradicionalmente seguido se "recomponham" e "retornem" ao jeito esperado de se comportar. Outra parte se cala e foge do assunto. E, ainda, outra parte dessa mesma sociedade defende que a liberdade individual, a diversidade de manifestações gendéricas, afetivo-sexuais e identitárias sejam absorvidas e inseridas no tecido social, como movimento esperado de uma sociedade que, estando viva, se revê, faz novos acordos, aprende novas linguagens, se expande e acolhe.

Uma importante pesquisa foi realizada pela ONG All Out e pelo Instituto Matizes junto a 365 pessoas que foram submetidas a algum tipo de "Terapia de Conversão" para "correção da sexualidade". A investigação identificou 25 tipos distintos, alguns em uso desde a década de 1970, muitos deles compostos por rituais de exorcismo, com participação ou recomendação de psicólogos, psicanalistas, psiquiatras, pediatras, terapeutas holísticos, irmãos da igreja, pastores, padres, líderes espirituais, professores (Fróes, Bulgarelli, Fontgaland, 2022).

A comissão de Direitos Humanos do Conselho Federal de Psicologia publicou no ano de 2019 o livro *Tentativas de Aniquilamento de Subjetividades LGBTIs*, em que descreveu diversas modalidades de terapias de conversão no Brasil (CFP, 2019).

Assim como no suicídio, o critério presença/ausência de Deus é curioso componente avaliativo de parte da sociedade sobre a vida de quem é LGBT+. Nessa moralidade, ser homoafetiva situa a pessoa na condição de "sem Deus", o que novamente a situa, desta vez em zona de pecado, culpa, vergonha e consequentemente de rejeição, o que efetivamente a expõe a intimidações recorrentes, estupros, espancamentos, tratamentos espirituais e psiquiátricos para voltar a ser homem ou mulher nos termos heteronormativos binários.

Exposta à avaliação de sua vida se em "presença ou ausência" de Deus e, uma vez sobrevivendo a todas as violências e torturas físicas e psicológicas, a pessoa é ressituada, desta vez remetida à zona de vulnerabilidade para desenvolver depressão, estados ansiosos agudos, ideação suicida. Assim, em circuito de ações deliberadas e concatenadas entre causa e consequência, se cumpre a mais macabra coerência: a pessoa "sem Deus" agora tenta morrer pela morte mais representante da "ausência de Deus": o suicídio. Com este e outros axiomas reforçados, a sociedade segue se debatendo em comoção, punição, escárnio, revolta – e produzindo mais suicídios.

Saídas possíveis para construir uma nova história de vínculos com a vida em novos tempos, pessoas e modos

Depois de muitas décadas ignorando a saúde mental e tratando-a como algo distinto da saúde física, o que explica em parte a aura de preconceito, desinformação e medo, percebe-se a premência de tratar a saúde mental da população com a devida ênfase, eficiência e eficácia.

O processo saúde/doença da população sofre alterações de acordo com o tempo, os desafios e o acesso aos avanços na promoção da saúde e no tratamento das doenças que a sociedade lhe apresenta. A construção social da doença mental não acompanha as reais potencialidades e deficiências que as pessoas adoecidas experimentam. Em muitas ocasiões, se tem visto o estranho paradoxo: a vida continuamente exposta nas redes sociais, e os avanços tecnológicos repercutem, em grande parte, antigas representações e práticas sociais que mantêm as pessoas longe da assistência à saúde mental. E aqui mais uma vez, a sociedade cindida: parte reproduzindo práticas conservadoras em relação aos transtornos mentais, parte indignada, ainda em recuperação das tragédias individuais e coletivas causadas pela pandemia, se mantêm em luta por reconhecimento como sujeitos de direito frente a um Estado que ainda não corresponde às demandas crescentes e urgentes.

Se por um lado o transtorno mental presente nas representações sociais é distinto do que é sentido pela pessoa, também a saúde mental sofre este descompasso. Urge colocá-las de maneira ostensiva e efetiva na agenda do Estado, por meio de políticas públicas que instituam provimento de profissionais de Psicologia e Psiquiatria em número suficiente para atender nas Unidades Básicas de Saúde nos bairros, de forma individual e coletiva a todas as camadas populacionais.

Agentes comunitários de saúde, enfermeiros, médicos e demais componentes das Equipes de Saúde da Família podem detectar os casos de pessoas com sinais de ansiedade, depressão e referenciar para atendimento individualizado por psicólogos.

A Psicologia Social dirigida à população em bases histórico-críticas e conscientes das extremas desigualdades sociais, das lacunas nas políticas públicas, e aliada a conceitos e métodos de educação popular pode efetivamente impactar a procura pelos serviços. O estímulo à constituição de grupos de troca de experiências, psicoeducação e acolhimento são estratégias que também podem contribuir para diluir os preconceitos que ainda existem em torno das demandas psicológicas e dos transtornos mentais em si.

As escolas também são espaços fundamentais para se estimular o acolhimento e a cultura de paz, através de rotinas de acolhimento e grupos contínuos de apoio emocional. Crianças e adolescentes são surpreendentemente sensíveis a atividades em que tenham voz e se sintam respeitados.

É necessário compreender a dialética presente na escola: para professores, funcionários, coordenadores, supervisores e dirigentes, a escola é local de trabalho e, em muitos casos, sobrecarga. Já a escola para alunas e alunos é um espaço único onde se experimenta descobertas, lazer, liberdade e confronto com figuras de autoridade. Para as famílias, a escola vai de porto seguro a motivo para desentendimentos diários com filhas e filhos. De visões tão distintas acerca do mesmo ambiente, é de se esperar conflitos e encontros, perplexidades e socorros, em ritmos próprios, tensos e, por isso, cheios de possibilidades.

A população precisa que unidades secundárias e terciárias de saúde estejam equipadas, atualizadas e com fluxos de atendimento específicos para as ações de socorro às pessoas com comportamento suicida e em tentativas. Para tanto, é necessário haver pessoal treinado, em ambientes estrutural e laboral adaptados para as especificidades dos casos.

A pessoa que tentou morrer e entrou no SUS pela porta da emergência vai precisar de psicoterapia individual, tratamento psiquiátrico e/ou ações de posvenção junto aos seus familiares, potencialmente afetados pelo trauma. Percebe-se na prática clínica que a posvenção ainda é considerada restrita aos casos em que houve morte. No entanto, à luz da Suicidologia, as tentativas de suicídio de um membro já estabelecem um estado de luto nas demais pessoas da família. Há quem considere este um luto antecipatório em relação a uma morte que não ocorreu.

Porém, testemunhar uma tentativa de morte por suicídio já é algo tão chocante que, inevitavelmente, se estabelece um luto de si mesmo, tanto por parte de quem tentou e não alcançou óbito, quanto para os familiares. É, portanto, um luto atual, presentificado, já em curso frente ao que as pessoas tinham juntas, e é a constatação de que os acordos antes vigentes e aparentemente adequados não servem mais, ou, o que é ainda mais doloroso: talvez nunca tenham tido qualquer serventia para o desenvolvimento pessoal de cada familiar.

Assim, a posvenção é um componente do modelo assistencial complementar à prevenção de suicídio, considerando a dialética entre a tentativa, a sobrevivência, o trauma no grupo doméstico e os riscos de cada pessoa atingida passar a considerá-lo como saída para todo o abalo em que se encontra.

Considerações

São muitos os gritos que nos chegam abafados, muitas as rupturas e muitas as permanências ao longo da história do suicídio. É um desfecho que segue desafiando culturas, ancestralidade, estruturas econômicas, jurídicas, políticas, se nutrindo do empobrecimento dos laços solidários, da normatividade sobre os corpos, da normose instituída socialmente.

Percebe-se de maneira clara os tempos de incentivo e consideração pelo suicídio como uma saída honrosa e, em alguns casos, obrigatória, chancelada por acordos morais expressos em rituais, regulamentos, ritualísticas, dispositivos legais, como o código de Manu, o *Bushido*. Em outros tempos, surge sacralizado em modos e pessoas, pela defesa da pureza, no caso das(os) mártires.

A posição ético-política dos escritos de Tomás de Aquino fez o suicídio ser questionado em sua dimensão de infringência ao mandamento de não matar, trazendo uma importante ruptura da sacralização.

Em muitas passagens comentadas nos diversos capítulos, as estratégias de enfrentamento do suicídio historicamente não levavam em conta a vida em seu sentido mais profundo, ético, solidário. O exercício de opressão de classes privilegiadas sobre a maioria empobrecida, as disputas pelo poder, a intolerância para com mulheres, pessoas negras, indígenas, os atos de revolta e demarcações políticas marcam a história do suicídio, constituindo dolorosas permanências.

As dinâmicas cruéis por trás do direito de escolher quais as vidas que valem a pena deixar seguir, em mecanismos sociais seletivos, vigoraram por muitos séculos – algumas das quais perduram até os dias atuais – produzindo suicídio. Entre os exemplos colhidos na literatura estudada, posso citar: 1) Os soldados que deviam ser fiéis ao seu pelotão e morrer por suicídio em caso de derrotas; 2) as pessoas negras escravizadas e sua busca desesperada por escapar das torturas praticadas por seus proprietários; 3) as mulheres do ensaio escrito por Marx, a partir das experiências de Peuchet, que ficavam às voltas com situações socialmente inaceitáveis à época, como desejo de estudar e trabalhar, escolher seu marido, sendo entregues a casamentos arranjados e subjugadas por maridos violentos; 4) As viúvas obrigadas ao *Sati*, se atirando ao fogo por pressão social ou sendo assassinadas; 5) as pessoas LGBT+ atingidas pelas violências originadas por preconceito; 6) as pessoas com transtornos mentais e dependência química sem acesso a tratamentos.

As descrições dos processos, das pessoas e dos sofrimentos no parágrafo anterior são anacrônicas, embora bem poderiam representar o que se vê atualmente.

Na Modernidade se deram discussões sobre livre-arbítrio, autonomia ante a vida e a morte. Mais adiante, a Psiquiatria começou a se envolver no suicídio numa perspectiva científica, voltada a entender estruturas anatômicas cerebrais envolvidas no desejo de morrer. Quase ao mesmo tempo buscou-se nas emoções e sentimentos a sede do comportamento suicida, como o da melancolia, bem como as características que permitissem mensurações.

Hoje em dia, continuamos em ciclo permanente de geração de sofrimento, e ainda é necessário demarcar espaços de enfrentamentos para preservar a vida, a saúde física e mental e os direitos sociais mais básicos, como se o tempo não tivesse passado, como se novos acordos éticos não tivessem sido feitos, como se tivéssemos andado bem pouco enquanto sociedade.

É impossível estabelecer na Psicologia uma prática clínica segura prescindindo da visão histórica sobre os construtos éticos, filosóficos, culturais, políticos, morais e econômicos do fenômeno suicídio em diversos tempos, pessoas e modos. Impossível entender o suicídio sem entender as sociedades e os mecanismos de produção de sofrimento, permanentemente ativos, se retroalimentando, se multiplicando e se expandindo com a ajuda dos requintes tecnológicos.

Sobre este fenômeno que se repete até os dias de hoje, com roupagens distintas e outras assustadoramente semelhantes aos casos dos séculos passados, ainda pairam as mesmas dificuldades de decisão entre: fazer opção pela pessoa em sofrimento e decidir envidar todos os esforços via políticas públicas e estratégias sociais de acolhimento, respeito e conforto, ou seguir sob a lógica de que apenas algumas vidas realmente interessam.

Referências

AGOSTINHO. *A Cidade de Deus*. 7. ed. Tradução: Oscar Paes Lemes. Rio de Janeiro: Vozes, 2002. Parte I.

ALVARENGA, L. F. C.; SILVA, E.; NINA, C.H. "A importância histórica e as principais características dos códigos de Hamurabi e de Manu". *Revista Jurídica*, n. 8, p. 89-95, 2017.

ALVERNE, L. A. A.; FONTENELE, L. B. "Estudos psicanalíticos sobre a literatura de Virginia Woolf: alguns apontamentos para futuras pesquisas sobre sua obra". *Revista aSEPHallus de Orientação Lacaniana*. Rio de Janeiro, v. 13, n. 25, p. 60-75, nov. 2017 a abr. 2018.

ANTIPORTA, D. A.; BRUNI, A. "Emerging mental health challenges, strategies, and opportunities in the context of the covid-19 pandemic: Perspectives from South American decision-makers". *Revista Panam Salud Publica*, 44, 2020. Disponível em: https://iris.paho.org/handle/10665.2/52997.

AQUINO, T. *Suma Teológica*. Tradução: Carlos Josaphat de Oliveira *et al*. São Paulo: Loyola, 2005.

ARENDT, H. *A Condição Humana*. 10. ed. Rio de Janeiro: Forense Universitária, 2007.

ARIÈS, P. *História da morte no Ocidente*. 2. ed. Lisboa: Teorema, 1989.

ASSUMPÇÃO, G. A. "Filosofia sincrítica e poesia em Friedrich Von Hardenberg [Novalis]". *Sofia*, v. 11, n. 1, p. 37–49, 2022. Disponível em: https://doi.org/10.47456/sofia.v11i1.31891.

AZEVEDO, Aluísio. *O Cortiço*. São Paulo: Escala, 2005.

BAERE, F.; ZANELLO, V. "O gênero no comportamento suicida: Uma leitura epidemiológica dos dados do Distrito Federal". *Estudos de psicologia (Natal)*, v. 23, n. 2, p. 168-178, 2018. Disponível em: http://pepsic.bvsalud.org/scielo.php?script=sci_arttext&pid=S1413294X2018000200008&lng=pt&nrm=iso.

BARBAGLI, M. *O Suicídio no Oriente e no Ocidente*. Rio de Janeiro: Vozes, 2019.

BBC News Brasil. "Alan García: como o escândalo da Odebrecht no Peru culminou com suicídio de ex-presidente". Disponível em: https://www.bbc.com/portuguese/internacional-47968498

BERENCHTEIN NETTO, N. "Suicídio: uma análise psicossocial a partir do materialismo histórico-dialético". Dissertação (Mestrado) - Pontifícia Universidade Católica, São Paulo, 2007.

BERNARDINO-COSTA, J.; GROSFOGUEL, R. "Decolonialidade e perspectiva negra". *Sociedade e Estado*. Brasília, v. 31, n. 1, p. 15-24, abr. 2016.

BERTOLOTE, J. M. "Suicídio: território do livre-arbítrio ou da doença mental?" *Simbio-Logias*, v. 6, n. 8, nov. 2013.

BRANDI, P. *Da vida para a história*. Rio de Janeiro: Zahar, 1983.

BRASIL, Presidência da República. "Decreto 11.098 de 20 de junho de 2022". Disponível em: https://presrepublica.jusbrasil.com.br/legislacao/1550426713/decreto-11098-22

______. "Lei nº 13.968, de 26 de dezembro de 2019". Disponível em: https://www.planalto.gov.br/ccivil_03/_ato2019-2022/2019/lei/l13968.htm

BUTLER, J. *Quadros de guerra: Quando a vida é passível de luto?* 2. ed. Rio de Janeiro: Civilização Brasileira, 2015.

CAMUS, A. *O Mito de Sísifo: ensaio sobre o absurdo*. Rio de Janeiro: Guanabara, 1989.

CANETTO, S. S.; SAKINOFSKY, I. "The gender paradox in suicide". *Suicide Life Threatening Behavior*, v. 28, n. 1, p. 1-23, 2010. doi: 10.1111/j.1943- 278X.1998.tb00622.x.

CANHÃO, T. F. "A literatura egípcia do Império Médio: espelho de uma civilização". Tese (Doutoramento em História) - Universidade de Lisboa, Departamento de Letras, Faculdade de História, 2010, 497p.

CARDOSO, L. L. "Moralidades correntes sobre suicídio em unidades de saúde e seu impacto na assistência: uma análise na perspectiva da Bioética de Proteção". Dissertação (Mestrado) - Programa de Pós-Graduação em Bioética, Universidade de Brasília, 2018.

CARNEIRO, A. B. F. "Suicídio, religião e cultura: reflexões a partir da obra Sunset Limited". *Reverso*, Belo Horizonte, v. 35, n. 65, p. 15-23, jul. 2013. Disponível em: http://pepsic.bvsalud.org/scielo.php?script=sci_arttext&pid=S0102-73952013000100002&lng=pt&nrm=iso.

CARVALHO, J. M. "As duas mortes de Getúlio Vargas". *Jornal do Brasil*, 24/08/1994, p. 11.

______. *Jovita Alves Feitosa: Voluntária da Pátria, Voluntária da Morte.* São Paulo: Chão, 2019.

CASSORLA, R. M. S. (Org.). *Do suicídio: estudos brasileiros*. Campinas: Papirus, 1998.

______. "Suicídio: em busca do objeto idealizado". *Revista brasileira de psicanálise*. São Paulo, v. 53, n. 4, p. 49-65, dez. 2019. Disponível em: http://pepsic.bvsalud.org/scielo.php?script=sci_arttext&pid=S0486-641X2019000400004&lng=pt&nrm=iso.

CHEVALIER, J.; GHEERBRANT, A. *Dicionário de Símbolos*. Tradução: Vera da C. e Silva *et al.* 2. ed. Rio de Janeiro: José Olímpio, 1989.

COLUCCI, A.M. "O ser na escuridão: um estudo sobre o suicídio". *Revista brasileira de psicanálise*, v. 53, n. 4, p. 133-142, 2019.

CONSELHO FEDERAL DE PSICOLOGIA. "Tentativas de Aniquilamento de Subjetividades LGBTIs". Disponível em: https://site.cfp.org.br/publicacao/tentativas-de-aniquilamento-de-subjetividades-lgbtis/

CONSELHO INDIGENISTA MISSIONÁRIO. "Relatório-Violência contra os Povos Indígenas no Brasil. Disponível em: https://cimi.org.br/tag/relatorio-de-violencia -contra-os-povos-indigenas/.

CONTRERAS, Orlando J. Casares; ESTRELLA CASTILLO, Dámaris F. "Desmitificación del contexto cultural del suicidio entre los mayas prehispánicos". *Cuicuilco. Revista de ciencias antropológicas*, v. 27, n. 79, p. 235-255, 2020.

Dal POZ, João. "Crônica de uma morte anunciada: do suicídio entre os Sorowaha". *Revista Antropologia*. São Paulo, v. 43, n. 1, p. 89-144, 2000. Disponível em: http://www.scielo.br/scielo.php?script=sci_arttext&pid=S0034-77012000000100004&lng=en&nrm=iso.

DANTAS, D. S. "A significação da morte voluntária: estudo sobre o papel da mídia em suicídios contemporâneos". *LUMINA*, Juiz de Fora, v. 8, n. 1/2, p. 47-61, jan/dez. 2005. Disponível em: http://www.ufjf.br/facom/files/2013/03/Lumina14-15-DeniseSouzaDantas.pdf .

DEARBORN, M. V. *Ernest Hemingway: a biography*. Nova Iorque: Alfred A. Knopf, 2017.

DICIONÁRIO DE SINÔNIMOS. "Suicídio". Disponível em: https://www.sinonimos.com.br/autoquiria/ .

DILTHEY, W. *A construção do mundo histórico nas ciências humanas*. São Paulo: UNESP, 2010.

DOUGLAS, J. J. *The Social Meanings of Suicide*. Nova Jersey: Princeton University Press, 1970.

DURKHEIM, E. *O Suicídio - Um Estudo Sociológico*. Rio de Janeiro: Zahar, 1982.

DWYER, Joseph P. "Project Veterans Crisis Line". Disponível em: https://mhaw.org/dwyer/about/

FALK, P. F. "Retratos sombrios da modernidade: memórias de suicídios no Recife durante a década de 1920". Dissertação (Mestrado) - Programa de Pós-graduação em História, Universidade Federal de Pernambuco, 2011.

EHRHARDT, Marcos Luís. "Sem fazer nada, os homens fazem mal: leituras e leitores de Catão na Roma Antiga". *Revista Diálogos Mediterrânicos*, n. 7, p. 12-27, 2014.

FANON, F. *Os condenados da terra*. Rio de Janeiro: Civilização Brasileira, 1968.

FEIJOO, A. M. L. C. "Suicídio: uma compreensão sob a ótica da psicologia existencial". *Arquivos Brasileiros de Psicologia*. Rio de Janeiro, v. 71, n. 1, p. 158-173, 2019.

FEITOSA, A. *Bíblia e homossexualidade. Verdade e mitos*. Rio de Janeiro: Metanoia, 2010.

FELLET, J. "Governo inclui ONG missionária próxima a Damares em Viagem até indígenas recém-contatados na Amazônia". *BBC News Brasil*. 2020. Disponível em: https://www.bbc.com/portuguese/brasil-51422570.

FERREIRA, J. "Desta para melhor: o suicídio de escravos como uma tentativa de voltar para casa". In: FIGUEIREDO, L. (Org.). *A era da escravidão*. Rio de Janeiro: Sabin, 2009.

FONTES, L.M.; DINUCCI, A. "Lista dos estoicos antigos". *Prometeus Filosofia,* [S. l.], v. 9, n. 19, 2016. DOI: 10.52052/issn.2176-5960.pro.v9i19.4719. Disponível em: https://periodicos.ufs.br/prometeus/article/view/4719.

FOUCAULT, M. *Vigiar e punir: o nascimento da prisão*. 22. ed. Petrópolis: Vozes, 2000.

FRANKL, V. E. *Em busca de sentido: um psicólogo no campo de concentração*. São Leopoldo: Sinodal; Petrópolis: Vozes, 2010 (Originalmente publicado em 1945).

FREUD, S. *O futuro de uma ilusão, O mal-estar na civilização e outros trabalhos*. Rio de Janeiro: Imago, 1996.

FREYRE, G. *Casa-grande & senzala: formação da família brasileira sob o regime da economia patriarcal*. 25. ed. Rio de Janeiro: José Olympio, 1987.

FRÓES, A.; BULGARELLI, L.; FONTGALAND, A. *Entre curas e terapias: práticas de conversão sexual e de gênero no Brasil*. São Paulo: All Out e Instituto Matizes, 2022.

FUKUMITSU, K.O. "O processo de luto do filho da pessoa que cometeu suicídio". Tese (Doutorado) – Instituto de Psicologia da Universidade de São Paulo, 2013.

GAY, P. *Freud: uma vida para o nosso tempo*. Tradução: Denise Bottmann. 2. ed. São Paulo: Companhia das Letras, 2012.

GIDDENS, A. *Novas regras do método sociológico: uma crítica positiva das sociologias compreensivas*. Rio de Janeiro: Zahar, 1978.

GILSON, E. *A Filosofia Na Idade Média*. Tradução: Eduardo Brandão. São Paulo: Martins Fontes, 1995.

GOES, P. "O problema do suicídio em Santo Agostinho à luz do *De civ. Dei*, I". Tese (Doutorado) – Universidade Estadual de Campinas, Instituto de Filosofia e Ciências Humanas, Campinas, SP, 2004.

GOESCHEL, *Christian Suicide in Nazi Germany*. [S.l.]: Oxford University Press, 2009.

GONÇALVES, A. T. M. "Entre a lembrança e o esquecimento: construindo e apagando memórias no Mundo Romano. Uma análise da Damnatio Memoriae de Geta". *Hélade*, v. 4, 2003-2004.

GONÇALVES, E. G. "O dever do sacrifício: uma reflexão sobre as motivações dos pilotos Kamikaze na Segunda Guerra Mundial". Dissertação (Mestrado em História) – Universidade Federal do Espírito Santo, 2012, 151p.

GONÇALVES, E. R. G. "Morrer de pé para não viver de joelhos: o suicídio de Bertoleza em *O cortiço*, de Aluísio Azevedo". *Anuário de Literatura*, Florianópolis, v. 24, n. 1, p. 149-159, 2019.

GONDIM, D. S. M.; MARTINS, P. M. "O suicídio na história do pensamento ocidental: da antiguidade à Psicanálise". *Perspectivas Online: hum & sociais aplicada*. Campos dos Goytacazes, v. 30, n. 11, p. 86-103, 2021.

GOULART, J. A. *Da Fuga ao Suicídio: Aspectos Da Rebeldia Dos Escravos no Brasil*. Rio de Janeiro: Conquista, 1972.

GRACIAS, F. S. *Kaleidoscope of women in Goa (1510-1961)*. New Delhi: Concept Publishing Company, 1996.

GUNTER, J. "Suicídio de militares: o custo silencioso da guerra na Ucrânia". *BBC News Brasil*. Disponível em: https://www.bbc.com/portuguese/internacional-60328364.

HARDEN-HICKEY, J. *Euthanasia: The Aesthetics of Suicide*. Nova Iorque: Truth Seeker Company, 1894.

HILL, T. D. *Ambitiosa Mors: Suicide and the Self in Roman Thought and Literature. Studies in classics*. Nova Iorque e Londres: Routledge, v. 10, 2004.

HUBER, Florian. *Promise Me You'll Shoot Yourself: The Downfall of Ordinary Germans*, 1945. [s.l.]: Penguin, 2019.

INSTITUTO SOCIOAMBIENTAL. "Povos Indígenas no Brasil: Sorowaha". Disponível em: https://pib.socioambiental.org/pt/Povo:Zuruah%C3%A3.

KALINA, E.; KOVADLOFF, S. *As cerimônias da destruição*. Rio de Janeiro: Francisco Alves, 1983.

KEHL, M. R. *O tempo e o cão: a atualidade das depressões*. São Paulo: Boitempo, 2009.

KIERKEGAARD, S. *Pós-Escrito às migalhas filosóficas*. Petrópolis: Vozes, v. 1, 2013.

______. *Temor e tremor*. São Paulo: Nova cultural, 1979.

KILOMBA, G. *Memórias da plantação: episódios de racismo cotidiano*. Rio de Janeiro: Cobogó, 2019.

LACERDA, E. C. "Análise de suicídios de investigadores de polícia na polícia judiciária civil da cidade de Sinop - Estado de Mato Grosso". *RHM*, v. 13, n. 2, jul./dez. 2014.

NETO, Lira. *Getúlio 1945-1954: de volta pela consagração popular ao suicídio*. São Paulo: Companhia das Letras, 2014.

LOPES, F. H. "Vida, morte e suicídio como preocupações da biopolítica". Anais do XXVI Simpósio Nacional de História – ANPUH. Disponível em: http://www.snh2011.anpuh.

org/resources/anais/14/1299801864_ARQUIVO_Artigo.ANPUH.2011.pdf

LUDWIG, P. W. *Eros and Polis: Desire and Community in Greek Political Theory*. Cambridge: [s.n.], 2002.

MAEDA, A. "Suicide: an Instance of the Right to Die". *Intercultural Communication Studies*, v. XVI, n. 3, 2007.

MARMELO, J. "O que aconteceu na noite em que Sylvia Plath ligou o gás e enfiou a cabeça no forno". *Jornal Público,* 2010. Disponível em: https://www.publico.pt/2010/12/13/jornal/o--que-aconteceu-na-noite-em-que-sylvia-pl-ath-ligou-o-gas-e--enfiou-a-cabeca-no-forno-20442674

MARQUES, O. "O Salto de Fé kierkegaardiano em constante referência a Lessing". *Ítaca*, n. 30, p. 209-220, 2016.

MARQUETTI, F. C. "O suicídio e sua essência transgressora". *Psicologia USP*, v. 25, n. 3, p. 237-245, 2014. Disponível em: https://doi.org/10.1590/0103-6564D20140006.

MARTINS, R. A. "A Vida Sagrada: Os Quatro Estágios (Āśramas) Da Vida Dos Brāhmanas". In: GNERRE, M. L. A.; POSSEBON, F. (Orgs.). *Cultura Oriental. Filosofia, Língua e Crença*. V. 2. João Pessoa: Universitária UFPB, 2012, p. 65-100.

MARX, Karl. *Sobre o suicídio*. São Paulo: Boitempo, 2006.

MÉNDEZ, S. A. "Las cuerdas de Ixtab; (des)articulación de la figura de la diosa del suicídio en el sureste de México". Dissertação (Mestrado em Antropologia) de Ibero America. Salamanca, 2020.

MIDDLEBROOKS, D. W. *Anne Sexton - a morte não é a vida.* Siciliano, 1991.

MINOIS, G. *História do Suicídio: a sociedade ocidental diante da morte voluntária.* São Paulo: UNESP, 2018.

MORON, P. *El suicídio.* México: Publicaciones Cruz, 1992.

NASSER, E. "Nietzsche e a morte". *Cadernos de Filosofia Alemã: Crítica e Modernidade*, n. 11, p. 99-110. Disponível em: http://www.periodicos.usp.br/filosofiaalema/article/view/

NAVASCONI, P. V. P. "Vida, adoecimento e suicídio: racismo na produção do conhecimento sobre jovens negros/as LGBTTIs". Dissertação (mestrado) - Universidade Estadual de Maringá, Programa de Pós-graduação em Psicologia, 2018, 276 p.

NEVES, F.; CORRÊA, H.; NICOLATO, R. "Suicídio e Cultura: uma proposta para o fortalecimento da rede de cuidados em saúde mental". *Debates hoje*, Rio de Janeiro, n. 5, p. 24- 29, set/out. 2010.

NITOBE, I. *A Alma do Samurai*. São Paulo: Tahyu, 2005.

NUNES, E. Duarte. "O Suicídio: reavaliando um clássico da literatura sociológica do século XIX". *Cadernos de Saúde Pública*, v. 14, n. 1, p. 7-34. Disponível em: https://dx.doi.org/10.1590/S0102-311X1998000100002.

OBSERVATÓRIO DO TERCEIRO SETOR. "Sofrimento: a cada 25 minutos uma dona de casa se suicida na Índia". Disponível em: https://observatorio3setor.org.br/noticias/sofrimento-a-cada-25-minutos- uma-dona-de-casa-se-suicida-na-india/

ODA, A. M. G. R. "Escravidão e nostalgia no Brasil: o banzo". *Revista Latinoamericana de psicopatologia fundamental*. São Paulo, v. 11, n. 4, p. 735-761. 2008.

______; DALGALARONDO, P. "O início da assistência aos alienados no Brasil ou importância e necessidade de estudar a história da psiquiatria". *Revista Latinoamerica de psicopatologia fundamental*, ano VII, n. 1, p. 128-141, 2004.

______. "Da enfermidade chamada banzo: excertos de Sigaud e de von Martius (1844)". *Revista Latinoamerica de psicopatologia fundamental*. São Paulo, v. 11, n. 4, p. 762-778, dez. 2008.

ODA, A. M. G. R.; OLIVEIRA, S. V. "O suicídio de escravos em São Paulo nas últimas duas décadas da escravidão". *História, ciências, Saúde-Manguinhos*. Rio de Janeiro, v. 15, n. 2, p. 371-388, jun. 2008.

PACHECO, M. V. P. C. "Esquirol e o Surgimento da Psiquiatria Contemporânea". *Revista Latinoamerica de psicopatologia fundamental*, v. 6, n. 2, jun. 2003

PAIXÃO, M.; GOMES, F. "Histórias das diferenças e das desigualdades revisitadas: notas sobre gênero, escravidão, raça e pós-emancipação". *Estudos Feministas* [online], v. 16, n. 3, p. 949-969, 2008. Disponível em: https://doi.org/10.1590/S0104-026X2008000300014.

PEREIRA, M. E. C. "Krafft-Ebing, a Psychopathia Sexualis e a criação da noção médica de sadismo". *Revista Latinoamericana de Psicopatologia Fundamental*, v. 12, n. 2, p. 379–386, jun. 2009.

PEREIRA, W. S. B. "Desafios e perplexidades no atendimento de emergência a quem tenta suicídio". *Revista Ibero-Americana de Humanidades, Ciências e Educação*, [S. l.], v. 8, n. 6, p. 37–57, 2022. DOI: 10.51891/rease.v8i6.5895. Disponível em: https://periodicorease.pro.br/rease/article/view/5895

______; PAULA, C. C. "Morte autoprovocada e o dilema ético dos motivos: revisão de literatura". *Temas em Saúde*, v. 19, n. 6, p. 514-532, 2019.

______. "Suicidality: a concept in perspective". *Estudos de Psicologia (Campinas)*, v. 41, p. e230054.

PIGEAUD, J. *Metáfora e Melancolia: ensaios médicos filosóficos*. Rio de Janeiro: Contraponto, 2009.

PINEL, P. "Tratado médico-filosófico sobre a alienação mental ou a mania (1801)". *Revista Latinoamericana de Psicopatologia Fundamental*. São Paulo, v. 7, n. 3, 2004.

PINGUET, M. *A Morte Voluntária no Japão*. São Paulo: Rocco, 1987.

PRAHARAJ, S. K. *et al.* "Ritual Suicide". *Indian Journal of Social Psychiatry*, v. 27, n. 1-2, p. 3-8, 2011.

REDAÇÃO UOL. "Aventuras na História. A fatídica morte de R. Budd Dwyer na frente das câmeras". Disponível em: https://aventurasnahistoria.uol.com.br/noticias/reportagem/o-fatidico- suicidio-de-r-budd-dwyer-na-frente-das-cameras.phtml

REYES-FOSTER, B.; KANGAS, R. "Desvendando Ix Tab: revisitando a 'Deusa do Suicídio' na Arqueologia Maia". *Etnohistória*, 63 (1): 1-27, jan. 2016.

RIVERA, T. "Luto e melancolia, de Freud, Sigmund". *Novos estudos - CEBRAP*, São Paulo, n. 94, p. 231-237, nov. 2012. Disponível em: http://www.scielo.br/scielo.php?script=sci_arttext&pid=S0101-33002012000300016&lng=pt&nrm=iso.

ROJAS, A. G. "Índia endurece leis contra imolação de viúvas no fogo com o cadáver dos maridos". *El Pais,* 2007. Disponível em: https://noticias.uol.com.br/midiaglobal/elpais/2007/07/17/ult581u2180.jhtm

SANTOS, A. R. N. "Autokheiría na Palestina Romana: o problema do suicídio na obra *Guerra dos judeus* de Flávio Josefo" (séc. I EC) 128 f. Dissertação (Mestrado) - Universidade Federal de Goiás, Faculdade de História (FH), Programa de Pós-Graduação em História, Goiânia, 2016.

SANTOS, M. C. "Melancolia: da bile negra à corrupção dos afetos". *Occursus – revista de Filosofia*, UECE, v. 5, n. 2, 2020. Disponível em: http://www.seer.uece.br/?journal=Occursos &page=article&op=view&path%5.

SCOCUGLIA, J. B. C. "A hermenêutica de Wilheim Dilthey e a reflexão epistemológica nas ciências humanas contemporâneas". *Sociedade e Estado*, v. 17, n. 2, p. 249–281, dez. 2002.

SHNEIDMAN, E. S. *Definition of suicide*. Nova Iorque: Wiley, 1985.

______. "A psychological approach to suicide". In: VANDEBOS, G.; BRYANT, B. (orgs.). *Cataclysms, crises, and catastrophes: Psychology in action*. Washington: American Psychological Association, 1987, p. 147-182.

SHNEIDMAN, E. S. *Suicide as psychache*. Nova Iorque: Wiley, 1993.

______. *The suicidal mind*. Nova Iorque: Oxford University Press, 1996.

SIGAUD, J. F. X. *Du climat et des maladies du Brésil*. Paris: Fortin, Mason et C., 1844. Tradução e estabelecimento do texto: Ana Maria Galdini Raimundo Oda. *Revista Latinoamericana de Psicopatologia Fundamental*. São Paulo, v. 11, n. 4, p. 762-778, dezembro 2008 (Suplemento).

SOUZA, K. T.; SANTOS, M. M. "Morte ritual: reflexões sobre o 'suicídio' Suruwaha". *Espaço Ameríndio*. Porto Alegre, v. 3, n. 1, p. 10-24, jan./jun. 2009.

STEVENSON, R. L. *O clube dos suicidas*. Rio de Janeiro: Rocco, 2010.

TEIXEIRA, Napoleão L. *O suicídio: em face da Psicopatologia, da Literatura, da Filosofia e do Direito*. Curitiba: Guairá, 1947.

THE ECONOMIC TIMES. "Russian Rapper ends life to avoid serving in war Against Ukraine". 04 de outubro de 2022. Disponível em: https://economictimes.indiatimes.com/news/international/us/russian-rapper- ivan-vitalievich-petunin-aka-walkie-ends-life-to-avoid-serving-in-war-against- ukraine/articleshow/94644615.cms?from=mdr

TORRÃO FILHO, A. *Tríbades galantes, fanchonos militantes: homossexuais que fizeram história*. São Paulo: Edições GLS, 2000.

UNISINOS. "Há 50 anos, 11 de setembro de 1973". *Adital*. Disponível em: https://www.ihu.unisinos.br/632213.

VAINFAS, R. *Trópico dos Pecados. Moral, Sexualidade e Inquisição no Brasil*. Rio de Janeiro: Nova Fronteira, 1997.

VARES, S. F. "O problema do suicídio em Émile Durkheim". *Revista do Instituto de Ciências Humanas*, v. 13, n. 18, 2017.

VIEIRA, T. L. O. "Projeto para uma Psicologia Científica de Sigmund Freud". Dissertação (Mestrado). Programa História da Ciência da Pontifícia Universidade Católica de São Paulo, 2005.

WERLE, M. A. "A angústia, o nada e a morte em Heidegger". *Trans/Form/Ação*, v. 26, n. 1, p. 97–113, 2003.

WOOLF, V. *Os diários de Virginia Woolf*. Rio de Janeiro: Companhia das Letras, 1989.

WORLD HEALTH ORGANIZATION. *Preventing Suicide: a global imperative*. Genebra: WHO, 2014.

______. "Suicide". Disponível em: https://www.who.int/es/news-room/fact-sheets/detail/suicide

YAO, H.; CHEN, J-H.; XU, Y-F. "Patients with mental health disorders in the covid-19 epidemic". *Lancet Psychiatry*, v. 7, n. 4, 2020. Disponível em: https://doi.org/10.1016/S2215-0366(20)30090-0.

Coleção Filosofia e Atualidades

INTENSIFICANDO A LUZ INTERIOR

Desenvolvimento pessoal com base no livro *A República*, de Platão

Paulo Hayashi

A intenção deste pequeno livro, com as principais passagens e comentários de *A República*, não é exaurir o tema, mas justamente o contrário: permitir a iniciação do leitor comum a reflexões sobre a própria vida, o autodescobrimento, a resiliência e a busca de propósitos elevados que visem à realização do bem, do belo e daquilo que é verdadeiro para o maior número possível de pessoas. Ou seja, desejamos que o conhecimento e a vontade se tornem instrumentos de aperfeiçoamento e altruísmo e, principalmente, que as lições desse antigo mestre não se percam nas areias e passagens do tempo.

O EVANGELHO SEGUNDO NIETZSCHE

Paulo Hayashi

A busca pela realização da potência e da vontade de realização deve vir com uma vontade forte o suficiente para superar os problemas, as dores e os empecilhos. A filosofia de Nietzsche permite esse alcance da grandeza e das nossas obras por meio da organização da casa mental e das luzes internas. Esse é o nosso desafio de grandeza: a integralidade do ser. A existência se apresenta nesta obra como a oportunidade da realização, de crescimento e aprendizagem, de superação dos desertos e montanhas que se dirigem para os céus do infinito amor e bondade de Deus.

Coleção Filosofia e Atualidades

PEQUENO TRATADO SOBRE A FRAGILIDADE

Mauro Cardoso Simões

Os temas examinados neste livro são: abandono, segredo, transparência, confiança, encontros, velhice, herança, amor e sonhos. Por intermédio desses temas, o autor elabora um pequeno tratado sobre a fragilidade, fazendo uso recorrente da literatura, do cinema e da filosofia, com os ares de fortaleza e de superação da própria fragilidade, como se possuísse uma espécie de fórmula magicamente atraente que permitisse uma rota de fuga de nossa condição humana. A leitura dessa obra fará com que o leitor olhe para esses assuntos com um olhar distinto e renovado.

VULNERABILIDADE

René Dentz

Existir não é fácil. Entrar na vida adulta significa entender as dificuldades e complexidades da vida. Encarar a existência dentro de um grau razoável de realismo é compreender que existem desafios, é sentir as dores, assim como vivenciar os bons momentos. O humano experimenta constantemente a sensação de "apesar de", existe sentido. "Apesar da dor, existe a satisfação", "apesar do sofrimento, existe a alegria", "apesar da morte, existe a vida". Essas são algumas das questões que René Dentz aborda nesta obra tão pertinente e atual.

DORES CONTEMPORÂNEAS

René Dentz

Na era pós-moderna, enfrentamos também desafios no entendimento e na gestão dos nossos desejos. A constante mudança nos significados e a variedade de discursos podem causar uma sensação de falta de identidade e de referências estáveis, dificultando a exploração e a expressão dos nossos desejos mais autênticos e profundos. O indivíduo contemporâneo frequentemente se vê envolvido em um oceano de estímulos e opções, o que pode resultar em ansiedade e angústia em relação aos desejos e escolhas que fazemos em nossas vidas.

Esta obra foi composta em sistema CTcP
Capa: Supremo 250 g – Miolo: Pólen Natural 70 g
Impressão e acabamento
Gráfica Santuário